MANUAL DE
Mini-handebol

CB011896

Instituto Phorte Educação
Phorte Editora

Diretor-Presidente
Fabio Mazzonetto

Diretora Financeira
Vânia M. V. Mazzonetto

Editor-Executivo
Fabio Mazzonetto

Diretora Administrativa
Elizabeth Toscanelli

Conselho Editorial

Educação Física
Francisco Navarro
José Irineu Gorla
Paulo Roberto de Oliveira
Reury Frank Bacurau
Roberto Simão
Sandra Matsudo

Educação
Marcos Neira
Neli Garcia

Fisioterapia
Paulo Valle

Nutrição
Vanessa Coutinho

ANA LÚCIA PADRÃO DOS SANTOS

MANUAL DE
Mini-handebol

2ª edição – Revisada e ampliada

editora

São Paulo, 2014

Manual de Mini-handebol
Copyright © 2003, 2014 by Phorte Editora

Rua Treze de Maio, 596
Bela Vista – São Paulo – SP
CEP: 01327-000
Tel./fax: (11) 3141-1033
Site: www.phorte.com.br
E-mail: phorte@phorte.com.br

Nenhuma parte deste livro pode ser reproduzida ou transmitida por qualquer meio, sem autorização prévia por escrito da Phorte Editora Ltda.

CIP-BRASIL. CATALOGAÇÃO NA PUBLICAÇÃO
SINDICATO NACIONAL DOS EDITORES DE LIVROS, RJ

S233m
2.ed.

Santos, Ana Lúcia Padrão dos
    Manual de mini-handebol / Ana Lúcia Padrão dos Santos ; ilustração Douglas Docelino. - 2. ed. rev. e ampliada - São Paulo : Phorte, 2014.
    240 p. : il. ; 21 cm.

Inclui bibliografia
ISBN 978-85-7655-477-6

1. Handebol. I. Docelino, Douglas. II. Título.

| 14-09111 | CDD: 796.312 |
| | CDU: 796.322 |

---

ph1975.2

Este livro foi avaliado e aprovado pelo Conselho Editorial da Phorte Editora.
(www.phorte.com.br/conselho_editorial.php)

Impresso no Brasil
Printed in Brazil

Apresentação

O handebol é uma modalidade muito conhecida nas escolas públicas e particulares do Brasil. Com o tempo, entretanto, as poucas publicações existentes na área acabaram especializando-se no alto nível, algo inacessível à maioria dos professores. Consequentemente, a grande população de praticantes de handebol na escola não se reverteu em atletas de talento. A maior perda, contudo, traduz-se na falta da utilização dessa modalidade esportiva como atividade motora lúdica que favorece o desenvolvimento global dos alunos das mais variadas faixas etárias.

É por esse motivo que se faz necessária uma reflexão numa perspectiva mais ampla, que significa repensar o que a prática do handebol pode fazer por um enorme grupo de crianças de qualquer nível social e em qualquer instituição. Além desse aspecto, é inegável que a base para qualquer modalidade esportiva encontra-se nas categorias mais jovens. Dessa forma, a formação de especialistas em iniciação ao handebol é extremamente importante para a evolução desta modalidade em nosso país. Não se trata apenas da quantidade de praticantes e sim da qualidade da prática oferecida aos iniciantes.

A primeira edição deste livro tinha o objetivo de lançar uma ideia ainda pouco difundida no país, na qual se refletia sobre as experiências práticas e os aspectos teóricos desenvolvidos em outros países, sempre com a preocupação de ser simples, de rápida leitura e acessível economicamente a todos os professores. Após o lançamento da primeira edição, o interesse pelo mini-handebol se desenvolveu e novas demandas foram criadas, especialmente de profissionais em formação.

A segunda edição deste livro procura atender às necessidades atuais destes profissionais, embora continue sem a pretensão de dar receitas sobre como formar um atleta ou dar aulas de Educação Física. Seu objetivo é divulgar informações, trazer sugestões de trabalho com o mini-handebol e, assim, auxiliar o professor na sua prática cotidiana. Ele, o professor, certamente é o agente mais significativo neste processo todo. Muitas vezes, no entanto, tem a sua importância diminuída em relação aos técnicos de alto nível, embora, sem dúvida alguma, sustente todo o trabalho de uma modalidade esportiva.

Sumário

3 Elementos do jogo

4 Organizando a prática

5 Materiais e espaços adaptados

6 Brincando antes de jogar

7 Hábitos, comportamentos e atitudes

8 O papel do professor

9 Organizando competições

10 Mini-handebol: o início de um projeto

O que é mini-handebol

1

O handebol é uma modalidade esportiva que está se tornando cada vez mais popular em todo o mundo. A aprendizagem relativamente fácil do jogo, relacionada ao desenvolvimento dos movimentos naturais do ser humano, permite sua crescente massificação. Outra característica atrativa do jogo é a sua dinâmica, que alterna situações de ataque e defesa continuamente.

Na sua forma competitiva, o handebol é muito influenciado pela aptidão física, mas também é fundamental a capacidade técnica dos jogadores e a tática das equipes. Na atualidade, especialistas da modalidade têm concentrado seus esforços para transformar a aprendizagem e o próprio treinamento em um processo que permita formar jogadores inteligentes, que saibam ver o jogo, perceber os estímulos, tomar decisões e responder de maneira efetiva. A expressão *leitura de jogo* é comum entre os técnicos e significa justamente a compreensão exata da situação do jogo em questão.

Para iniciar um processo adequado de prática esportiva, especialistas na modalidade começaram a refletir sobre a melhor maneira de fazer a iniciação esportiva de crianças e adolescentes. O resultado dessa reflexão foi a criação do mini-handebol. Inicialmente, pode parecer que o mini-handebol seja apenas a adaptação das regras de handebol a crianças, mas, na verdade, ele é muito mais que isso.

O mini-handebol deve ser entendido como uma *filosofia* em que a criança é a peça-chave do desenvolvimento do trabalho. Este trabalho, por sua vez, deve aliar o conhecimento científico acerca do crescimento e do desenvolvimento de um indivíduo no âmbito físico, motor, psicológico e social, e ainda possibilitar experiências esportivas positivas que favoreçam a diversão e alegria.

Para proporcionar ao aluno uma prática eficaz é preciso conhecer suas características básicas. A prática do mini-handebol é uma maneira lúdica de explorar e aprimorar os movimentos, além de permitir experiências socioafetivas de cooperação e de competição.

Dentro dessa concepção, deve-se estar atento a aspectos como a diversão, o prazer e a gama de experiências positivas que podem ser oferecidas às crianças, o que implica adotar métodos pedagógicos adequados à faixa etária dos seis aos dez anos.

> **No mini-handebol não é a criança**
> **que está a serviço do esporte.**
> **É a prática esportiva que está a serviço da criança.**

Embora não seja seu objetivo, a prática do mini-handebol pode favorecer o surgimento de talentos esportivos em handebol. Um trabalho de qualidade certamente dará oportunidades a indivíduos que poderão se transformar em grandes jogadores e atletas profissionais. Já um trabalho realmente de qualidade influenciará todos os alunos e praticantes e terá como resultado a formação esportiva de indivíduos que se tornarão adultos ativos, que poderão usar o handebol como forma de recreação, lazer, atividade física e que certamente serão capazes de apreciar a modalidade nas mais diversas formas.

Panorama geral

O mini-handebol ou handebol para crianças caracteriza-se como um jogo adaptado para favorecer a prática de crianças entre seis e dez anos. Neste contexto, as regras oficiais são adaptadas, como tamanho da quadra, tamanho da trave, número de jogadores, entre outras modificações. Além disso, existe uma variedade de brincadeiras, pequenos jogos e atividades relacionadas ao handebol que se adaptam facilmente ao desenvolvimento de praticantes dessa faixa etária. O professor de mini-handebol deve ter em mente que, durante a iniciação esportiva de uma criança, é impossível e inadequado ensiná-la como a um adulto.

É importante considerar as habilidades e as experiências que a criança possui e atentar-se às suas expectativas em relação aos momentos em que ela deverá estar com o professor e o grupo em uma quadra praticando handebol.

Os princípios gerais da prática do mini-handebol são:
- adequação das regras;
- adequação dos métodos;
- adequação do processo ensino-aprendizagem;
- promoção da variabilidade de prática;
- enfoque em uma prática lúdica e prazerosa;
- atenção ao ambiente intragrupo;
- atenção aos indivíduos ao redor da criança (familiares, professores, amigos etc.);
- desenvolvimento do conceito educativo de cooperação e competição;
- enfoque no conceito de *fair play*;
- promoção de uma educação esportiva geral.

É preciso lembrar que a prática do mini-handebol pode e deve servir a um propósito maior, que é a sua contribuição para a formação do indivíduo física e esportivamente educado. Tal propósito implica pensar que depois de vários anos de prática de uma modalidade esportiva, os adultos, que passaram por essa experiência, tenham alguma autonomia para o movimento. Essa autonomia significa que, após o processo de aprendizagem esportiva, o indivíduo consiga apresentar certa competência em várias formas de movimento, que diante de diversas situações e problemas motores ele consiga aplicar princípios e conceitos adequados sobre o movimento, que este indivíduo saiba, na teoria, a importância da atividade física para o ser humano e, efetivamente, coloque-a em prática, apresentando hábitos de vida que lhe transformem em uma pessoa fisicamente ativa.

No que se refere ao esporte, é importante que ao longo do processo o indivíduo adquira uma responsabilidade pessoal e social em situações esportivas que lhe permita apreciar as modalidades, respeitar as diferenças entre as pessoas, bem como suas habilidades e escolhas, e ainda compreender o esporte como uma forma de prazer, de autoexpressão e de interação social. O esporte é um patrimônio cultural da humanidade e alguém que passe por esse processo de aprendizagem esportiva deve apresentar um comportamento relacionado ao esporte coerente com este princípio.

Considerando todos esses aspectos, é importante notar que esta não é uma tarefa fácil e, portanto, o profissional responsável pela condução de sessões de prática de iniciação esportiva deve ter experiência e conhecimento suficientes para planejar, implementar e avaliar um projeto que envolva o mini-handebol. Vale lembrar, ainda, que infelizmente isso não é o que acontece na prática. É bastante frequente a contratação de profissionais em início de carreira para conduzirem o trabalho com crianças nessa faixa etária. Neste sentido, cabe ressaltar que as instituições responsáveis por esses projetos de iniciação esportiva devem rever os parâmetros de estruturação de seus projetos.

Para o profissional que está começando, a melhor maneira de reparar possíveis dificuldades é dedicar-se intensamente ao estudo e à atualização em todas as áreas do conhecimento relacionadas ao movimento humano.

Handebol em evolução

O handebol é conhecido e praticado em todo o mundo. Mas é na Europa que se consegue observar seu maior desenvolvimento. Esta qualidade é resultado do trabalho de federações, técnicos e da estrutura esportiva em geral. Em muitas federações europeias é possível perceber a concepção de que professores e técnicos devem aprimorar seus estudos e manter uma atualização permanente no que se refere às ciências relacionadas ao movimento humano. Outro aspecto interessante é que os técnicos e especialistas em handebol conseguem aliar o trabalho em quadra à publicação de artigos e textos divulgando suas ideias, opiniões e formas de trabalho. Esse parece ser um diferencial importantíssimo no desenvolvimento do handebol europeu, pois, apesar de os professores e técnicos não terem um trabalho essencialmente acadêmico, conseguem aliar a prática à teoria.

O mini-handebol é resultado desta concepção. As recomendações para que a iniciação esportiva em handebol tenha características próprias, distintas dos treinos dos adultos, surgiu de especialistas na modalidade com conhecimento teórico acerca das fases de crescimento e desenvolvimento humano. Essa proposta pode ser encontrada em entidades como a própria Federação Europeia de Handebol, assim como em várias federações nacionais europeias. Ela se manifesta por meio de publicações de disseminação do mini-handebol, recomendações técnicas, organização de festivais e acampamentos, além da oferta de cursos de aprimoramento para professores e técnicos.

A consequência natural dessa concepção é a formação de jogadores de qualidade e de equipes de alto rendimento. Outra consequência, não menos importante, é a formação de um grande número de pessoas que conhecem e sabem apreciar o handebol, não apenas porque tomaram conhecimento dele pelos meios de comunicação, mas porque tiveram alguma experiência positiva com essa modalidade em algum momento de sua vida.

Para obter esse resultado é necessário um projeto a longo prazo, com várias etapas que mantenham coerência entre si e que possam oferecer ao jogador de handebol iniciante uma trajetória consistente em sua vida esportiva. Além disso, é preciso estimular o desenvolvimento de novos professores e técnicos para que aperfeiçoem seus talentos como profissionais e possam fundamentar seu trabalho desde cedo em conhecimentos científicos bem estruturados, além de um profundo conhecimento da modalidade. Professores de iniciação ao handebol são a chave para o bom desenvolvimento dessa prática em qualquer estrutura.

Teoria e prática

Para o professor que gosta da modalidade e está começando uma carreira nessa área é importante lembrar que a formação geral na área de Educação Física e Esporte é o primeiro passo. Diversas áreas do conhecimento acadêmico têm muito a contribuir para o ensino de handebol, sejam elas a Aprendizagem Motora, a Biomecânica, a Fisiologia ou a Pedagogia do Esporte. Certamente, cada indivíduo tem preferência por uma ou outra área, mas é indispensável ter um conhecimento geral de todas elas para poder aplicá-las à modalidade.

Deve-se, ainda, considerar que as ciências ligadas ao movimento humano tiveram um grande avanço na história recente. O professor de mini-handebol deve habituar-se à atualização constante de seus conhecimentos.

Esse cuidado com a qualidade do trabalho que é desenvolvido na iniciação esportiva se faz necessário porque cada vez mais se observa segmentos da sociedade incentivando a prática esportiva. Projetos de iniciação esportiva acontecem em escolas particulares na forma de atividades esportivas extracurriculares; em escolas públicas e escolas de período integral com grupos de treinamentos; em organizações não governamentais voltadas ao esporte; em instituições particulares, como escolinhas de esportes ou empresas de assessoria de atividade física e esportiva; em clubes e nas mais diversas formas de organizações sociais. É um campo fértil para o desenvolvimento de um bom trabalho de mini-handebol, mas que também pode ter resultados desastrosos, pois a qualidade dos projetos depende da qualidade dos profissionais que estão em contato direto com as crianças e também daqueles que gerenciam tais projetos.

Um dos problemas mais comuns nesse tipo de atividade é o foco na competição e na vitória, que normalmente reflete a visão dos adultos envolvidos. Com esse objetivo, muitas vezes se acelera o processo de iniciação esportiva com o intuito de ganhar uma partida ou um pequeno torneio. Outro problema grave é o enfoque persistente em descobrir talentos esportivos a qualquer custo. Quando a estrutura e o planejamento de um projeto de iniciação esportiva são norteados por esses princípios, é comum que se acelere todo o processo. Quando há uma preocupação com o futuro, esquece-se de olhar quais são as necessidades do presente. Se cada etapa for cumprida adequadamente, o resultado será positivo e haverá uma base sólida para a evolução do processo sem que seja necessário sacrificar a formação integral do aprendiz nem excluir os menos habilidosos.

Outra consequência maléfica dessa forma de trabalho é observada quando os praticantes já são adultos. Infelizmente, é comum constatar que determinados jogadores, apesar de apresentarem um conhecimento significativo da modalidade, demonstram lacunas na sua formação.

É preciso mencionar também que quando um indivíduo não é exatamente um talento esportivo ele é muitas vezes ignorado. Esquece-se que uma modalidade não é feita somente de atletas, mas também de indivíduos que contribuem com a evolução de uma modalidade das mais diversas maneiras. Em handebol este fato é muito evidente. Muitos adultos não atletas dizem que já jogaram handebol algum dia, mas é fato que não tiveram uma educação esportiva para a modalidade e em algum momento se afastaram ou foram excluídos desse contexto. Essas pessoas não se tornaram espectadores dessa prática esportiva, não frequentam as quadras, não têm um time preferido, não aprenderam a apreciar a modalidade. A questão é que, para conhecer uma modalidade na sua íntegra, distinguir seus detalhes, observar o talento dos jogadores, ou torcer por uma equipe, é preciso conhecer bem a modalidade. O mais interessante é que as pessoas efetivamente ligadas ao handebol acreditam que o esporte deve ter mais divulgação; talvez se deva considerar, então, que o handebol necessite de uma melhor divulgação, a começar pelos professores de iniciação esportiva, que devem promover experiências positivas a todos os alunos que em algum momento têm interesse em conhecer a modalidade. Essa é a essência do mini-handebol.

Mini-handebol: o que mudar?

De maneira sucinta, o mini-handebol pode ser apresentado considerando-se os seguintes aspectos: o que, para quem, como e por quê. Cada um desses tópicos será detalhado nos capítulos a seguir. No entanto, uma breve explanação pode ajudar o leitor a ter uma ideia geral da proposta do mini-handebol.

A característica mais óbvia do mini-handebol é a adaptação das regras do jogo de handebol. Nele participam apenas cinco jogadores – um goleiro e quatro jogadores de linha –, o espaço de jogo é reduzido, assim como a baliza, e as regras também são adaptadas.

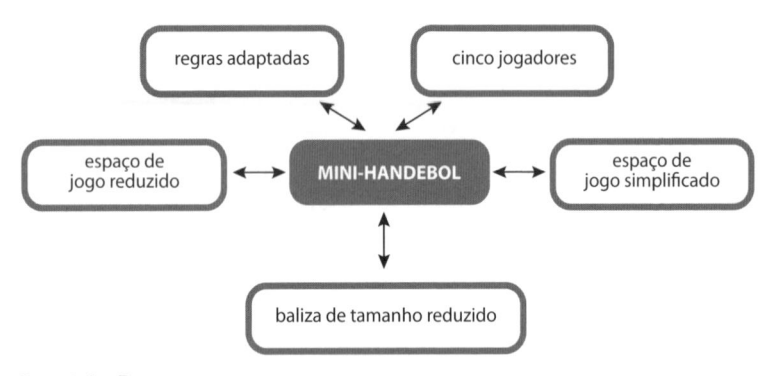

FIGURA 1.1 – ESTRUTURA GERAL DO MINI-HANDEBOL.

Essas modificações permitem uma maior participação dos jogadores, mais gols e favorece o jogo mais ofensivo e dinâmico, aumentando a motivação das crianças. Além disso, a atividade não fica truncada, pois há uma melhor compreensão do jogo por parte das crianças. Os gestos técnicos e as estratégias táticas de jogo estão mais adequadas às condições de crescimento e ao desenvolvimento da criança.

As regras mais simples também permitem que a criança entenda melhor o que é ou não permitido fazer no decorrer de uma partida. Desse modo, ao longo do tempo de prática, ela será capaz de aplicá-las com mais autonomia. O sucesso encontrado nessas tarefas aumenta a motivação dos jogadores para continuar praticando, pois a demanda do jogo é coerente com o que a criança pode oferecer e, portanto, a natureza lúdica da atividade é mantida.

O tamanho da baliza é particularmente uma característica fundamental do mini-handebol. As dimensões reduzidas da trave fazem que o goleiro tenha mais oportunidades de êxito, pois defender ou não passa pela aprendizagem de habilidades técnicas que efetivamente dependem dele. No caso de crianças que praticam handebol em quadras oficiais isso não acontece, pois aquelas que estiverem no gol ficarão indefesas nas bolas altas, já que muitos ainda não possuem a estatura de um adulto. Isso, vale lembrar, não depende da criança e sim do tempo necessário para o seu crescimento.

Dessa situação decorre outro problema, que é a aprendizagem errada dos gestos técnicos, tanto do goleiro quanto dos atacantes. Uma criança no gol oficial de handebol tenta compensar o problema da sua estatura e acaba adaptando movimentos para não sofrer gols no espaço superior da trave. Essas adaptações, no entanto, nem sempre são similares ao gesto técnico adequado dos goleiros. Já os atacantes sabem que o espaço superior na baliza é a área mais vulnerável para o goleiro e, assim, insistem no arremesso naquela região mesmo sem ter muita técnica, pois acabam tendo êxito. O problema é que, com o tempo, haverá o aumento da estatura dos jogadores de linha e dos goleiros, e se o atacante não desenvolver a precisão do arremesso em regiões variadas da baliza, o que significa uma vantagem durante a infância irá se tornar um problema nas categorias mais avançadas, o chamado vício de movimento.

O material usado na prática do mini-handebol também é diferente. As bolas são mais macias e coloridas. A vantagem nesse caso é que este tipo de material evita que as crianças se machuquem e que tenham medo da bola. O uso das cores chamativas facilita a visualização e, consequentemente, facilita o contato com o próprio material. Há ainda uma série de materiais adaptados muito atrativos que podem e devem ser usados durante as sessões de prática de mini-handebol. Esses materiais propiciam experiências únicas e colaboram com a ampliação do acervo motor das crianças, expandindo seu repertório de habilidades, sua coordenação geral e sua capacidade de solucionar problemas motores nas mais variadas circunstâncias.

Mini-handebol: para quem ensinar?

Conhecer bem as características do jogo é muito importante, mas o ideal é que o professor conheça o motivo de tais alterações e isso somente acontecerá se ele estiver consciente das características gerais do praticante com quem está trabalhando.

A idade indicada para a prática de mini-handebol é entre seis a aproximadamente dez anos. A indicação aproximada se justifica pelo fato de que nem todas as crianças apresentam crescimento e desenvolvimento biológico e/ou motor exatamente coerente com a idade cronológica. Todos, meninos e meninas, devem estar envolvidos nas mesmas sessões de prática de modo educativo. Durante os jogos de mini-handebol é importante que os alunos possam participar igualmente das partidas, procurando evitar, portanto, que alguns joguem por mais tempo que outros.

É por volta dos cinco aos seis anos que a criança começa a apresentar características que lhe permitem participar de um jogo de equipe. O envolvimento com tal atividade, entretanto, dependerá do grau de motivação e de paciência que a criança apresenta para responder às solicitações de determinada atividade. Deve-se considerar que nesta fase a capacidade de realizar atividades de esforço, o tempo de duração das atividades e a capacidade de manter a atenção dirigida a uma única atividade são diferentes das características de um indivíduo em idade adulta. Sua aderência e a não desistência em participar dependem de um estado psicológico. Por esse motivo é tão importante que o professor saiba organizar o ambiente de maneira agradável, favorecendo as iniciativas das crianças e facilitando as descobertas que provoquem nelas a vontade de permanecer na atividade.

No que diz respeito ao desenvolvimento físico e motor, nessa faixa etária é apropriado promover as mais diversas atividades para proporcionar o desenvolvimento global de habilidades de locomoção, estabilização e manipulação. Assim, é importante que a criança tenha oportunidade de conhecer a maior gama de modalidades esportivas possível. O mini-handebol é uma dessas experiências que serve como ferramenta para o desenvolvimento global da criança, pois permite o trabalho de coordenação geral em um ambiente de interação social, caracterizado pela formação de um grupo. O foco deve estar sempre nas experiências proporcionadas às crianças e não nos resultados obtidos.

Nessa faixa etária a criança realiza movimentos combinados aplicados aos jogos. Contudo, as atividades de corrida são preponderantes nesse período. Movimentos como agarrar e arremessar tornam-se mais precisos.

A criança participa de um processo de aplicação de movimentos já explorados e amadurecidos o suficiente para que sejam utilizados em atividades mais complexas. Cabe ao professor explorar ao máximo cada movimento antes de seguir adiante.

Nessa fase, a própria criança começa a perceber a necessidade da cooperação dos outros para enriquecer a brincadeira. O processo de socialização está em pleno desenvolvimento.

A melhoria da relação com os outros provém de um maior controle das suas reações emocionais, bem como do aumento do seu círculo de relacionamentos que, no princípio, resumia-se à família, mas que depois se ampliou com a escola, na vizinhança e onde mais fosse possível o convívio social.

No final desta etapa, o *grupo* se torna evidentemente importante para a criança e as atividades coletivas se tornam de grande interesse, situação que deve ser aproveitada para estabelecer o espírito de equipe. Entre os sete e dez anos, a diversão, e também os bons resultados, passam a ser importantes para a criança.

Em relação ao pensamento, o aluno aumenta a sua capacidade de interiorização, conseguindo diferenciar fatos presentes dos passados, e amplia a sua capacidade de raciocínio.

> O desenvolvimento humano tem etapas que devem ser respeitadas. Assim, o desenvolvimento esportivo é um processo a longo prazo que deve se ajustar à ordem natural da evolução da criança.

Mini-handebol: como ensinar?

Depois de feito o diagnóstico do grupo com o qual se está trabalhando, é preciso colocar em ação os princípios que orientam o mini-handebol. O professor deve lembrar sempre que a prática deve responder às seguintes exigências:

- Atuar pedagogicamente visando o desenvolvimento global de todas as crianças;
- Ser lúdico;
- Ser prazeroso;
- Facilitar as aprendizagens nos domínios motor, cognitivo e socioafetivo;
- Facilitar a aprendizagem a todos os alunos igualitariamente, dos alunos mais talentosos aos alunos com maior dificuldade;
- Ser desafiador e variado;
- Jamais utilizar treinos de adultos para as crianças;
- Jamais colocar a competição como objetivo final;
- Estimular a percepção dos praticantes;
- Estimular o trabalho em grupo.

A dualidade entre cooperação e competição deve ser considerada com bom senso. Quando se retira totalmente a competição da prática cotidiana, o aluno se sente desmotivado, pois seus esforços pessoais não serão recompensados. Em contrapartida, uma prática extremamente competitiva exclui muitos alunos das tarefas propostas, causando um grande problema de autoimagem e de autoestima. A competição deve fornecer ao praticante uma referência da evolução da sua competência.

Não se trata de conceber a vitória como o único fator a ser considerado, porém o esforço e o progresso do indivíduo e do grupo é que devem ser enfatizados.

As sessões de prática, as gincanas, os jogos, os campeonatos, os festivais e até mesmo as situações de acampamentos esportivos devem ser estruturados de forma que equilibre o desejo do aluno de participar e de ganhar. O adulto responsável por essa prática deve observar cuidadosamente quando as crianças estão interessadas em aprender algo novo ou quando estão interessadas apenas na vitória. Mediante essa observação, o professor pode propor outras formas de jogo, outras formas de pontuação, ou outras formas de competição que ajudem a promover uma educação esportiva e a aprendizagem dos princípios de *fair play*. Como modalidade coletiva, o mini-handebol é uma excelente ferramenta para fomentar esses princípios, tanto dentro quanto fora de quadra. Deve-se sempre ressaltar que ao jogar contra alguém, o jogador, no momento da partida, é apenas um adversário e não um inimigo. Além disso, no próprio jogo há situações de alternância entre competir com a equipe adversária e cooperar com a sua equipe. Isso acontece o tempo todo e deve ser evidenciado para que a criança perceba a importância do trabalho em equipe e do espírito esportivo. Experiências como essas devem ajudar o aluno a entender quais são os comportamentos socialmente aceitáveis e como devem se comportar no dia a dia.

Atuando de uma maneira adequada, o professor, ou técnico, pode usar os meios do mini-handebol com o intuito de preparar o aluno para a aprendizagem do handebol formal. Ele também pode utilizá-lo como mais um recurso enriquecedor para suas aulas. Não importa o objetivo posterior, o que se deseja na realidade é criar um ambiente favorável para o desenvolvimento motor, cognitivo e socioafetivo do praticante. Esse desenvolvimento deve ter como objetivo a obtenção de respostas inteligentes, por parte dos alunos, nas mais diferentes situações. Portanto, é necessário que o professor também planeje suas aulas de maneira que sejam desafiadoras para os alunos e lhes proporcionem novas aquisições.

Ainda no âmbito educativo, essa faixa etária é especialmente favorável para que se promova experiências para o desenvolvimento da autonomia individual e coletiva dos praticantes. É possível facilitar a independência da criança com base nas situações rotineiras, como escolher as roupas adequadas para os treinos e jogos, cuidar do seu material pessoal e dos materiais de treino, ser líder como capitão de uma equipe, ou trocar de funções com outros jogadores, aprender a organizar um jogo, separar equipes, controlar o tempo de uma partida ou mesmo auxiliar na arbitragem.

O planejamento de todo o trabalho deve estar fundamentado em um conceito de aprendizagem significativa, na qual o aluno responda adequadamente às circunstâncias e compreenda o que está sendo feito, estabelecendo uma relação entre causas e consequências de suas ações.

Vale ressaltar que essas exigências ocorrem pelo fato de que as crianças estão começando a ampliar sua compreensão de tudo que as cerca. Portanto, haverá dificuldades e alguma resistência, porém a atuação pedagógica do professor deve ser exatamente a de auxiliar essas vivências.

O professor deve criar uma série de situações em suas aulas que explorem vários aspectos da formação do indivíduo, do jogador e do grupo. Assim, é essencial ter algum conhecimento sobre Pedagogia, Psicologia, Fisiologia e tantas outras áreas ligadas ao esporte. Consequentemente, é imprescindível que o professor de mini-handebol seja alguém extremamente motivado pelo seu trabalho, que se identifique com os alunos e consiga estabelecer com eles uma relação de confiança e empatia. Um bom trabalho com iniciantes depende fundamentalmente de um professor capaz de compreender os alunos e facilitar suas aprendizagens. Logo, um bom professor não deve ter medo de ousar. Os erros fazem parte de qualquer processo de evolução, mas é preciso estar sempre atento para buscar soluções e dispor de tempo e energia suficientes para melhorar a cada dia.

Mini-handebol: por que ensinar?

Nessa breve introdução sobre a aplicação do mini-handebol já é possível notar que não se trata de um trabalho fácil ou simples. É necessária muita dedicação daquele que se propõe a implementá-lo. É importante compreender as razões para adotar um projeto como esse.

O primeiro aspecto diz respeito ao profissional que busca aprimorar seu trabalho. Muitos profissionais trabalham com iniciação ao handebol, mas poucos se preocupam com a evolução da qualidade do seu trabalho. Em geral, quando um profissional começa a se destacar pelo seu trabalho na iniciação, logo ele passa a trabalhar com grupos pertencentes a faixas etárias maiores. Deve-se primar por um trabalho inicial mais efetivo, que garanta mais qualidade na base, no que se refere a professores e alunos, para que essa qualidade seja transferida para as outras fases do processo de desenvolvimento da modalidade. Somente por meio de um processo adequado será possível detectar alunos que possam ser considerados talentos esportivos, pois, quando a prática não é adequada, o próprio processo de ensino interfere negativamente na aprendizagem da modalidade e pode encobrir o potencial de algumas crianças.

É necessário ainda que os iniciantes não desistam da prática ao longo da vida. Quanto maior for o prazer do jogador nas fases iniciais de aprendizagem, maior será o tempo que ele permanecerá nesta prática, logo, todo esforço para motivar os alunos será fundamental para a durabilidade do trabalho.

A longevidade da vida esportiva da criança está diretamente relacionada à maneira pela qual ela é introduzida no esporte e, principalmente, à coerência deste processo em relação às suas motivações, necessidades e anseios.

Para o professor, a aplicação de novas possibilidades de trabalho, novos métodos, novas técnicas significam também um desafio que pode ser estimulante e enriquecedor para a sua experiência profissional. Quando o cotidiano do professor é marcado pela repetição das atividades, pode-se estabelecer um obstáculo para que ele próprio descubra seu talento em ensinar ou em buscar novas formas de resolver problemas comuns no ensino de uma modalidade esportiva.

Regras básicas

2

Considerações gerais

As regras do mini-handebol não são rígidas. Não existe necessariamente uma padronização. Mesmo na literatura internacional sobre mini-handebol não há unanimidade sobre as regras em alguns aspectos, por isso é possível encontrar algumas diferenças na sua aplicação. Em geral, as regras dessa modalidade esportiva são praticamente as mesmas do handebol, porém adaptadas à idade e ao desenvolvimento das crianças para que elas possam desfrutar do jogo, conseguindo um êxito maior do que conseguiriam no handebol formal. Além desse aspecto, o mini-handebol proporciona uma democratização da prática do handebol, pois não exige muitos recursos e podem ser aproveitados vários espaços e materiais que normalmente não seriam utilizados para se jogar handebol.

Cada clube, escola ou projeto deve promover o mini-handebol de modo que respeite a filosofia que fundamenta esta prática. Seguindo tais princípios, meninos e meninas devem jogar juntos, de modo educativo, e os árbitros devem agir como educadores. Não é necessária a formalidade do árbitro vestido com roupas oficiais. Se possível, a arbitragem deve ficar a cargo de professores, monitores, pais ou adultos próximos às crianças. O professor deve usar sua sensibilidade para adequar as regras ao seu grupo e às suas condições materiais.

Deve-se ressaltar que a criança não necessita conhecer todas as regras oficiais do handebol com rigor; contudo, esse conceito não se aplica ao professor. Um professor só é capaz de fazer uma adequação bem feita de uma regra se ele próprio a conhece detalhadamente. Para entender o funcionamento de uma modalidade, é preciso saber aplicar as regras que determinam a dinâmica do jogo. O professor deve ser um especialista nesse assunto a ponto de manter a essência do jogo e, ao mesmo tempo, tornar sua aplicação compreensível a qualquer criança.

As regras descritas a seguir foram muito simplificadas. É aconselhável que o professor procure um livro de regras de handebol atualizado e complemente seus conhecimentos.

Objetivo do jogo

O objetivo do jogo é fazer mais gols que a equipe adversária.

A quadra

A quadra poderá medir de 20 a 24 m de comprimento por 12 a 16 m de largura. Uma medida razoável é a de 13 m de largura por 20 m de comprimento. Normalmente, uma quadra oficial de handebol pode ser transformada em três quadras de mini-handebol.

A área do gol é determinada por um semicírculo de 5 m de raio, medidos a partir do centro da baliza. Deve-se também marcar a linha central do campo. A linha do tiro de sete metros ficará a 1 m da área do goleiro e a zona de tiro livre ficará a 7 m da baliza. Pode-se também acrescentar uma zona de substituição a partir da linha central da quadra, porém a distância desta zona dependerá das dimensões da quadra.

A baliza deverá medir 2,40 m de largura por 1,60 m de altura. Entretanto, é possível jogar mini-handebol utilizando balizas que tenham até 3 m de largura por 1,70 m de altura.

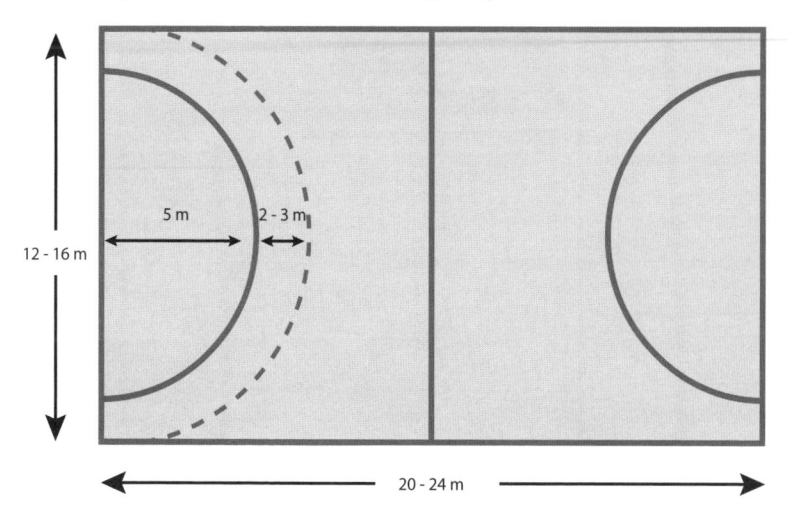

FIGURA 2.1 – QUADRA DE MINI-HANDEBOL.

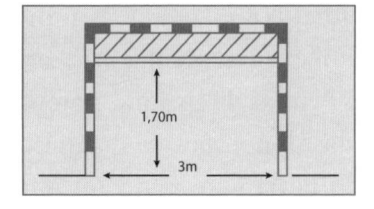 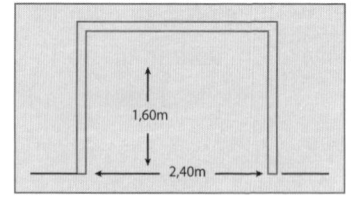

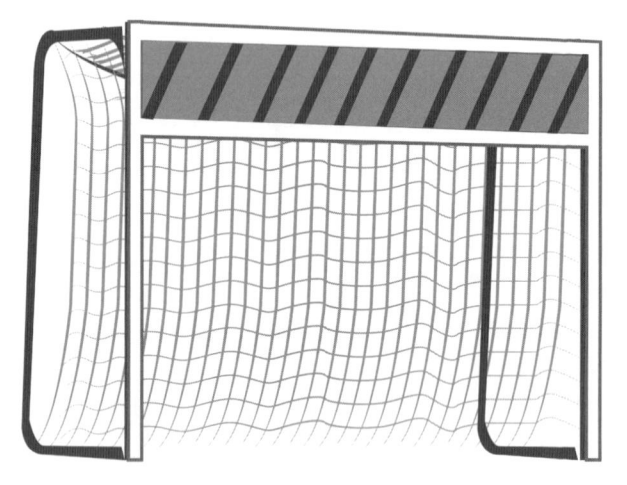

FIGURA 2.2 – BALIZA DE MINI-HANDEBOL.

A bola

A bola deve ser leve, colorida, de fácil manuseio e que pule bem ao ter contato com o solo. A textura de seu revestimento deve facilitar o movimento de retenção. Bolas H1L ou de borracha podem ser utilizadas. O peso ideal é de aproximadamente 200 a 300 g, e a circunferência pode variar de 44 a 49 cm.

O tempo de jogo

O tempo de duração de uma partida pode variar, dependendo das condições existentes e da condição física dos jogadores.

Existem algumas alternativas como:

- Dois períodos de 15 min, com intervalo de 5 min;
- Três períodos de 10 min, com intervalo de 5 min.

Os jogadores

Cada equipe é formada por dez jogadores, lembrando que meninos e meninas podem fazer parte de uma mesma equipe. Na quadra ficarão cinco jogadores, sendo quatro jogadores de linha e um goleiro. Não há limite de substituições.

É fundamental que todos os jogadores inscritos participem do jogo. De preferência, deve-se estipular um tempo mínimo para que cada jogador permaneça na quadra.

Todos os jogadores devem estar devidamente uniformizados, o que inclui meias, tênis, bermuda e camiseta com o número de cada jogador. O capitão da equipe deve usar uma braçadeira.

É proibido ao jogador usar pulseiras, brincos, anéis, colares, fivelas ou qualquer outro objeto que possa causar dano a si mesmo ou a outro jogador. O árbitro deve pedir aos jogadores para que esses objetos, que oferecem perigo, sejam retirados antes de iniciar a partida.

O goleiro

O jogador que estiver atuando no gol pode jogar na linha e vice-versa. Entretanto, o goleiro deverá usar um uniforme que o diferencie do jogador de linha.

É *permitido* ao goleiro tocar a bola com qualquer parte do corpo quando estiver defendendo. O goleiro pode se deslocar à vontade, sem qualquer restrição, em sua área de gol, e também pode sair da sua área de gol sem a bola.

É *proibido* ao goleiro sair ou entrar na sua área com a bola dominada.

Ao goleiro que estiver na sua área de gol não se aplicam as regras de manejo de bola dos jogadores de linha. No entanto, se o goleiro sair da sua área e participar do jogo, ele também deverá respeitar as mesmas regras que os outros jogadores, pois passará a ser considerado um jogador de linha.

A área do gol

Somente o goleiro pode ficar na área do gol. Os outros jogadores não podem pisar na linha que a delimita nem ficar dentro dela. O jogador de linha pode saltar para a área de gol desde que seu último apoio seja feito antes da linha que delimita a área do gol. O jogador que salta para a área do gol deve fazer o arremesso, ou seja, soltar a bola na fase aérea do salto e, quando tocar alguma parte do corpo na área de gol, a bola já deverá estar fora do seu domínio. Ao jogador atacante é proibido pisar na área do goleiro com a bola dominada.

Se a bola permanecer na área de gol, ela pertencerá ao goleiro e o jogador de linha não poderá segurá-la, a não ser que a bola esteja saltando e o jogador de linha tente agarrá-la na fase aérea.

O manejo da bola

Ao jogador é permitido se deslocar livremente por toda a área de jogo, exceto na área do goleiro. Os jogadores podem receber, passar, agarrar ou bater na bola com uma ou duas mãos. A bola também pode ser tocada pelos jogadores com o braço, cabeça, tronco e coxas. O jogador só não pode ser tocado pela bola do joelho para baixo.

Quando um jogador estiver segurando a bola, ele só poderá ficar com ela na mão por no máximo três segundos.

Só é permitido ao jogador dar três passos segurando a bola. Para se locomover com a bola dominada, depois de dar três passos com ela na mão, o jogador deverá driblar, passar ou arremessá-la ao gol. Ao jogador com a posse de bola é permitido driblar, ou seja, quicar a bola no chão continuamente o quanto ele quiser. Contudo, o jogador não poderá driblar a bola, segurá-la e depois driblar novamente. Após o drible, o jogador poderá dar três passos, arremessar ou passar a bola a um companheiro. O jogador também pode trocar a bola de uma mão para outra desde que não perca totalmente o contato com ela.

A comunicação com o árbitro pode acontecer sempre que houver dúvidas, mas não é permitido protestar ou usar um tom agressivo.

Conduta para com o adversário

O jogador pode:
- Usar os braços e as mãos para interceptar ou ganhar a bola do adversário;
- Tentar impedir a passagem do adversário colocando o tronco na sua frente, tenha ele ou não a posse de bola;
- Tentar tirar a bola do adversário com a mão aberta, desde que não toque nele.

O jogador não pode:
- Agarrar a bola das mãos do adversário;
- Segurar, agarrar, empurrar ou puxar o adversário com ou sem bola;
- Impedir o deslocamento do jogador adversário com os braços, mãos ou pernas;
- Lançar propositalmente a bola contra o adversário.

O gol

É considerado gol quando a bola ultrapassa totalmente a linha que o delimita. Após a realização de um gol, a bola será dada à equipe que sofreu o gol. Esta, por sua vez, irá ao meio da quadra para reiniciar a partida. O gol poderá ser marcado quando um goleiro lançar a bola de um gol a outro, na cobrança de um tiro de lateral, de um tiro livre e de um tiro de saída.

Tiro de saída

O tiro de saída é utilizado para iniciar uma partida, para recomeçar o jogo após o intervalo entre dois tempos e a cada vez que uma equipe fizer um gol.

Os jogadores que executarão o tiro de saída ficam próximos à linha central e, após a autorização da cobrança pelo professor ou árbitro, aquele que estiver com a bola deverá passá-la para um companheiro.

Tiro de lateral

O tiro de lateral é utilizado quando a bola sai completamente da quadra por uma linha lateral, ou quando a bola toca um jogador que está defendendo e sai pela linha de fundo. Também é tiro de lateral quando a bola toca em um objeto estranho à quadra, como o teto do ginásio.

O tiro é cobrado por um jogador da equipe contrária a que tocou por último a bola antes de sua saída da quadra. É importante lembrar que os jogadores adversários devem estar a dois metros do jogador que cobra o tiro de lateral. É preciso considerar também que esta medida de dois metros seria, na verdade, de três metros se a quadra tivesse dimensões oficiais de uma quadra de handebol.

O jogador que cobra o tiro deve pisar na linha lateral no momento em que estiver passando a bola.

Tiro de meta

O tiro de meta acontece quando a bola sai pela linha de fundo, sem que tenha sido tocada pelos jogadores da defesa. É executado quando o goleiro, na sua área de gol, passa a bola para o jogador de linha.

Tiro livre

A cobrança do tiro livre é feita por uma equipe quando a outra comete uma infração às regras.

O tiro livre é executado pelo jogador da equipe beneficiada pelo erro do adversário. O jogador que vai cobrar o tiro livre se posiciona no local onde o erro aconteceu e passa a bola para um companheiro. O jogador que cobra o tiro livre não pode estar em deslocamento e os adversários devem estar a dois metros de distância da bola. Novamente, vale lembrar que se a quadra tivesse as dimensões oficiais da quadra de handebol, a distância correta seria de três metros.

No caso de faltas cometidas entre a área do goleiro e a linha de tiro livre, o tiro deve ser cobrado fora deste espaço e nenhum jogador da equipe que está atacando poderá ficar nessa região da quadra. Qualquer jogador poderá cobrar o tiro livre, sem que seja necessária a autorização do árbitro.

O tiro livre também acontece quando o jogo é interrompido por fatores externos. Nesses casos, a equipe que estava com a posse da bola recomeça a partida com um tiro livre no local onde a bola se encontrava no momento da interrupção.

Tiro de sete metros

O tiro de sete metros ocorre quando um jogador vai arremessar e o defensor o impede, cometendo uma obstrução irregular. Assim, a equipe que foi prejudicada pela falta tem direito a arremessar a bola diretamente ao gol, e nenhum jogador de linha pode exercer uma ação defensiva.

O jogador que for cobrar o tiro deve se posicionar na linha indicada, que fica a seis metros da baliza. Os outros devem permanecer fora da região entre a área do goleiro e a linha de tiro livre, cuidando para se manterem à distância de pelo menos dois metros do jogador que vai arremessar ao gol. Após o sinal do árbitro, o jogador deverá arremessar a bola diretamente ao gol.

Na cobrança do tiro de sete metros, o goleiro deve manter a distância de três metros do atacante que vai cobrar o tiro.

As sanções

As punições no handebol são:

- Advertência;
- Exclusão por dois minutos;
- Desqualificação.

Para o mini-handebol, entretanto, é necessário usá-las com muita cautela. É fundamental, no momento da aplicação das sanções, explicar ao aprendiz o que ele fez de errado e que a sanção faz parte da regra do jogo.

Na sanção de exclusão por dois minutos é preciso valorizar esse período em que o jogador fica fora do jogo, fazendo que ele reflita sobre o motivo de sua saída. O jogo limpo e justo, o respeito às regras, o respeito aos adversários devem ser valorizados. Nesse sentido, é importante lembrar ao iniciante que ele deve se comportar, em relação aos outros, do mesmo modo que gostaria que os outros se comportassem com ele.

Protocolo de jogo

A realização de um jogo de mini-handebol em uma competição, por mais simples que seja, é uma excelente ocasião para ensinar às crianças certos protocolos esportivos.

Deve-se ensinar, por exemplo, a entrar na quadra de modo organizado, a cumprimentar o adversário, a fazer que o capitão de uma equipe cumprimente o jogador da equipe adversária antes do jogo e que ambos cumprimentem o árbitro. Deve-se, ainda, ensinar a oferecer ajuda e a se mostrar solidário quando alguém se machucar; respeitar o espaço de aquecimento da equipe adversária durante o jogo e outros comportamentos desta natureza, que só contribuem para o desenvolvimento de um ambiente construtivo. Esse tipo de atitude e certas gentilezas fazem que indivíduos e equipes sejam esportivamente educados.

Sinalização de jogo

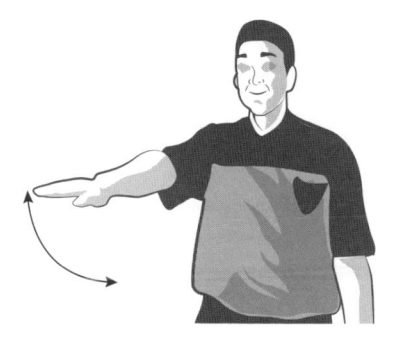

PARA SINALIZAR INVASÃO DE ÁREA.

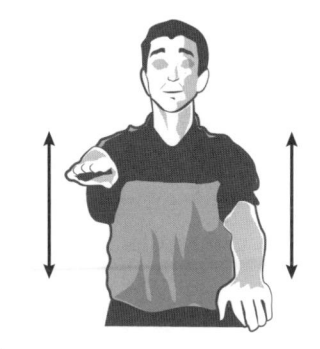

PARA SINALIZAR DRIBLE ILEGAL.

PARA SINALIZAR SOBREPASSO OU SEGURAR A BOLA POR MAIS DE TRÊS SEGUNDOS.

PARA SINALIZAR QUE O JOGADOR DETEVE, SEGUROU OU EMPURROU O ADVERSÁRIO.

PARA SINALIZAR QUE O JOGADOR GOLPEOU O ADVERSÁRIO.

PARA SINALIZAR FALTA DE ATAQUE.

Para sinalizar que deve ser cobrado o tiro de lateral e sua direção.

Para sinalizar que a bola pertence ao goleiro, ou seja, tiro de meta.

Para sinalizar o tiro livre, ou seja, a falta e a direção da bola.

Para sinalizar que o defensor deve manter distância de quem vai cobrar o tiro livre.

Para sinalizar o jogo passivo, ou seja, que a equipe não está demonstrando interesse em arremessar.

Para sinalizar gol.

48

Para sinalizar advertência (cartão amarelo) ou desqualificação (cartão vermelho).

Para sinalizar exclusão por dois minutos.

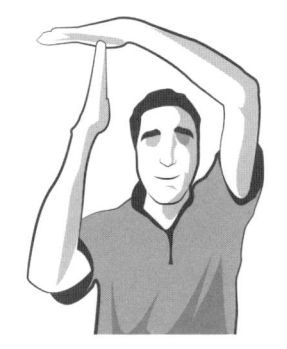

Para sinalizar *time-out*, ou seja, que o cronômetro deve ser parado.

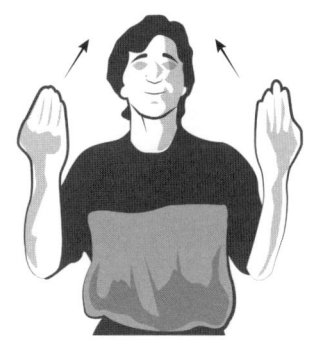

Para autorizar a entrada de dois jogadores na quadra durante o *time-out*.

Para sinalizar a pré-advertência para jogo passivo, ou seja, o árbitro considera que a equipe não está tentando ser ofensiva.

O árbitro

A função do árbitro de mini-handebol será sempre a de fazer que todos os jogadores cumpram as regras, punindo as infrações e cuidando para o bom andamento do jogo. A atuação de um árbitro acontece antes, durante e ao final de um jogo. O foco de atuação de um árbitro deve ser o de favorecer o andamento do jogo, cooperando com os jogadores, técnicos, plateia e, dentro das suas possibilidades, fazer que os jogadores não cometam infrações.

De modo geral, o árbitro de handebol deve ser responsável por:

- Examinar as condições das instalações;
- Anotar os nomes dos jogadores de cada equipe;
- Verificar a adequação da bola;
- Efetuar o sorteio para o início do jogo;
- Anotar os gols;
- Sinalizar todas as ocorrências do jogo;
- Certificar-se de que todas as cobranças dos tiros serão feitas de maneira adequada;
- Anotar todas as ocorrências da partida;
- Interromper o jogo quando for necessário;
- Caso alguém se machuque, oferecer a assistência possível e certificar-se de que a integridade física e a saúde do jogador serão preservadas;
- Caso perceba que os jogadores desconhecem as regras, explicar a eles cada infração;
- Manter um ambiente amigável e de tranquilidade;
- Encerrar a partida;

- Relatar detalhadamente por escrito, caso necessário, alguma ocorrência desagradável ou prejudicial ao bom andamento do jogo;
- Usar sempre o bom senso, tendo como objetivo a prática do handebol com enfoque educativo.

No caso de partidas em que há dois árbitros que queiram atuar de maneira mais formal, é preciso lembrar que as funções entre os dois devem ser divididas e que eles devem sempre manter a comunicação. O posicionamento em quadra deve favorecer a visualização de tudo o que acontece na partida.

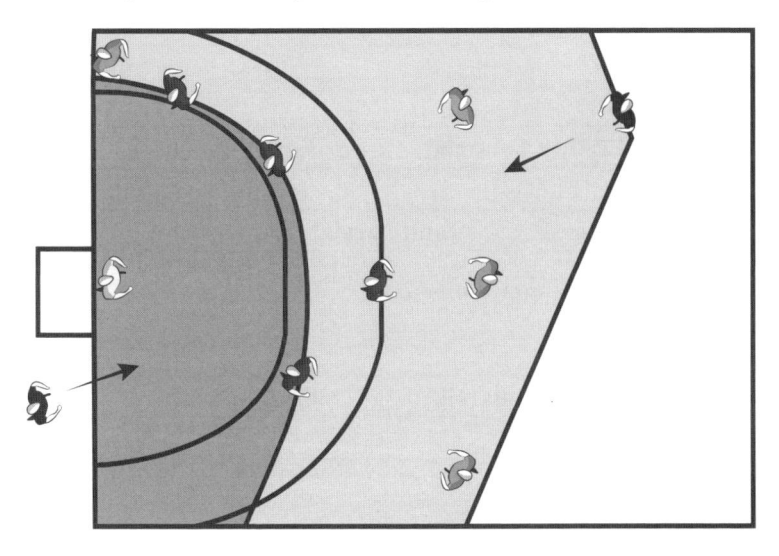

Figura 2.3 – Posicionamento e área de visualização dos árbitros.

O árbitro deve lembrar que a criança
está ali para jogar e, portanto, deve evitar
interromper a partida a todo momento.

Formas alternativas de pontuação

Em alguns países, por exemplo, sugere-se que a pontuação seja anotada da seguinte maneira: cada partida terá dois períodos e cada gol valerá um ponto, porém o resultado final será calculado de forma diferente:

Primeiro período

Equipe Amarela	Equipe Azul
05	07
Total Parcial	
00	01

Segundo período

Equipe Amarela	Equipe Azul
03	07
Total Parcial	
00	01

Total de gols

Equipe Amarela	Equipe Azul
08	14

Resultado Final

Equipe Amarela	Equipe Azul
00	02

Esta parece ser uma solução interessante quando as equipes têm uma diferença técnica muito grande e o placar final do jogo apresenta esta diferença. Assim, a equipe perdedora não se sentirá tão inferior em razão do resultado e a motivação do grupo não será tão prejudicada.

A maneira como o professor aborda a vitória, a derrota e a pontuação será uma referência determinante para o aluno elaborar suas derrotas e suas vitórias.

Outra possibilidade bastante viável é a utilização de uma súmula simplificada utilizada pelo próprio árbitro, adaptada do modelo sueco, utilizado na *Partille Cup*.

Esse modelo tem um tamanho reduzido e deve ser impresso em um papel de gramatura elevada (espesso), mas dobrável, para que o árbitro possa guardá-lo em seu bolso (Quadros 2.1 e 2.2).

QUADRO 2.1 – MODELO DE SÚMULA SIMPLIFICADA (FRENTE)

Competição	Jogo	Categoria	Número
Data		**Hora**	
Equipe A		**Equipe B**	
01 02 03 04 05 06 07 08		01 02 03 04 05 06 07 08	
09 10 11 12 13 14 15 16		09 10 11 12 13 14 15 16	
17 18 19 20 21 22 23 24		17 18 19 20 21 22 23 24	
25 26 27 28 29 30 31 32		25 26 27 28 29 30 31 32	
33 34 35 36 37 38 39 40		33 34 35 36 37 38 39 40	
Ass. árbitro		**Ass. árbitro**	
Resultado			
Vencedor			
Perdedor			

QUADRO 2.2 – MODELO DE SÚMULA SIMPLIFICADA (VERSO)

Nº	Equipe A	Nasc.	Nº	Equipe B	Nasc.
Ass. professor			Ass. professor		

Desse modo, o próprio árbitro poderá fazer o registro do jogo, caso a competição tenha uma limitação financeira em relação à arbitragem.

O importante para a criança é compreender as regras. Portanto, cada vez que o professor estiver como árbitro do jogo, ele deve explicar para cada criança o que ela pode e não pode fazer. As punições também devem ser bem detalhadas e, para uma assimilação adequada de cada regra, o mais indicado seria ensinar e aplicar uma regra de cada vez até que o jogo seja compreendido.

O árbitro de mini-handebol deve ter uma atuação educadora, respeitando as regras, os jogadores e fazendo-os respeitar-se mutuamente.

Os árbitros também devem ser *rigorosos com professores e técnicos* que dirigem as equipes de mini-handebol, considerando-se que o maior exemplo para as crianças são as atitudes dos adultos que estão em situação de liderança.

> Ensinar o respeito às regras significa mais do que ensinar uma modalidade esportiva, significa ensinar um comportamento social adequado com direitos e deveres a serem cumpridos.

Para ensinar regras

Conhecer bem as regras é fundamental para o professor, mas é preciso também conseguir ensiná-las de uma maneira eficaz. As sugestões a seguir propõem um processo pedagógico para que o aluno aprenda a aplicar as regras. O fato de o aluno arbitrar um jogo faz que ele se coloque no lugar do árbitro e aprenda a respeitá-lo ainda mais. Além disso, essa prática ajudará o aluno a compreender melhor o funcionamento do jogo.

Atividade 1

Para crianças que não conhecem nada ou muito pouco da regra de mini-handebol, pode-ser realizada a seguinte atividade. Formam-se grupos de quatro alunos com uma bola. Em um espaço livre e informal, as crianças devem jogar duas contra duas. Elas devem ter liberdade para escolher qualquer tipo de material para marcar o gol, que ficará sem goleiro. Devem escolher o espaço em que seu jogo valerá e combinar entre elas todas as regras que serão válidas para o seu jogo. Os alunos é que devem dizer o que acham, quais as regras válidas para este jogo de handebol e devem ser responsáveis por cumprir as regras escolhidas. Caso haja algum impasse durante o jogo, um adulto deve delegar aos quatro o poder de decisão e lembrá-los que eles é que combinaram as regras.

Depois de um determinado tempo pode-se trocar as duplas adversárias e pedir que eles adicionem as regras aplicadas no jogo anterior ao novo jogo. Esta construção coletiva de regras ajudará a criança a ter autonomia sobre conhecer e obedecer regras estabelecidas.

Atividade 2

O ensino das regras do mini-handebol deve ser feito de maneira sequencial. O professor pode ser o árbitro do jogo, mas pode solicitar a ajuda dos próprios alunos. Para isso, ele poderá elaborar fichas de regras.

Em uma cartolina, ele poderá preparar uma ficha que tenha uma única regra, o posicionamento do árbitro e o sinal que é feito em relação a essa regra, como ilustrado na Figura 2.4.

Onde o aluno deve ficar	Regra: gol	Sinal do árbitro
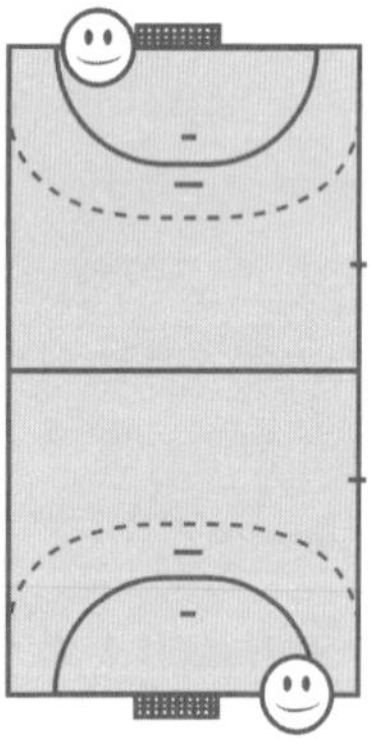	É considerado gol quando a bola ultrapassa totalmente a linha de gol.	

Figura 2.4 – Modelo de ficha para aprendizagem de regras (marcação de gol).

O professor arbitrará todo o jogo, mas a regra ficará a cargo de dois alunos que também receberão apitos (apitos descartáveis de festa de aniversário infantil, por serem mais higiênicos e baratos). Todos os alunos passarão por essa experiência até que outras regras também possam ser incorporadas por meio de fichas de regras.

Onde o aluno deve ficar	Regra: invasão	Sinal do árbitro
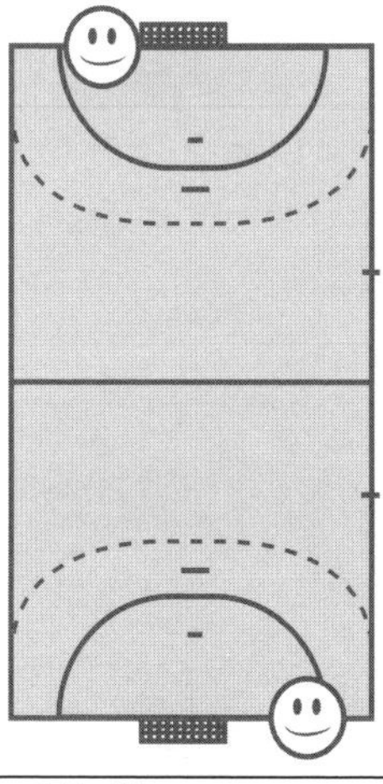	Ao jogador atacante é proibido pisar na área do goleiro com a bola dominada.	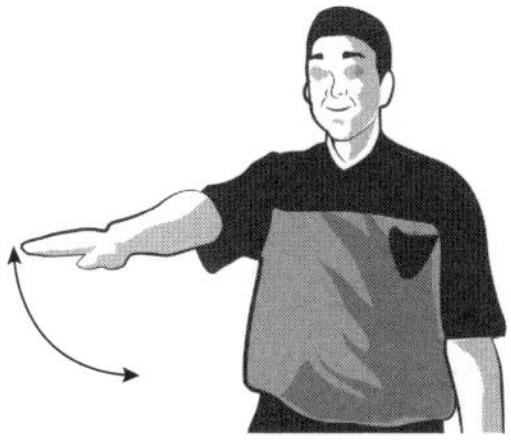

FIGURA 2.5 – MODELO DE FICHA PARA APRENDIZAGEM DE REGRAS (INVASÃO DE ÁREA DO GOLEIRO).

Onde o aluno deve ficar	Regra: drible ilegal	Sinal do árbitro
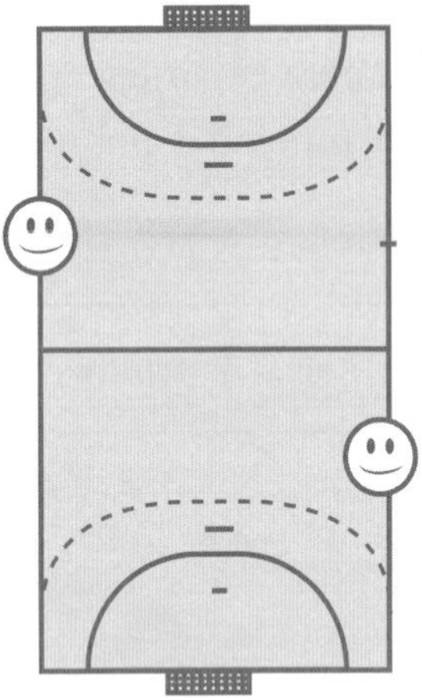	O jogador não poderá driblar a bola, segurá-la e depois driblar novamente.	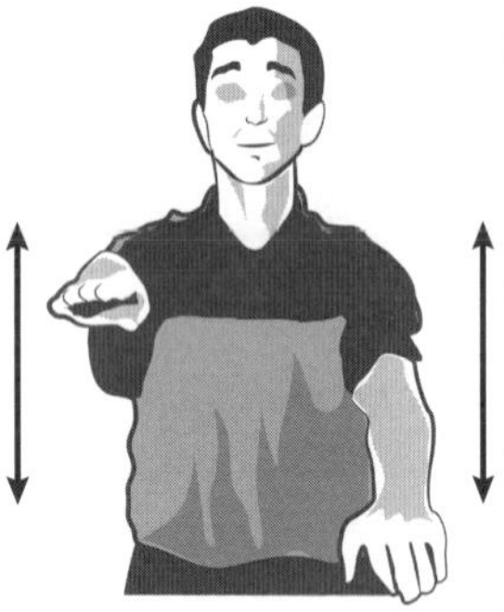

Figura 2.6 – Modelo de ficha para aprendizagem de regras (drible ilegal).

Onde o aluno deve ficar	Regra: sobrepasso e três segundos	Sinal do árbitro
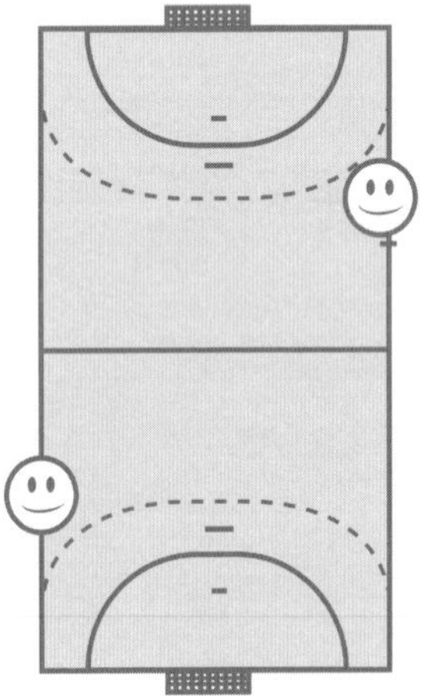	Quando um jogador estiver segurando a bola, ele só poderá ficar com ela na mão por, no máximo, três segundos. Só é permitido ao jogador dar três passos segurando a bola.	

Figura 2.7 – Modelo de ficha para aprendizagem de regras (marcação de sobrepasso e três segundos).

Esses são exemplos de fichas que podem ser feitas pelo professor da forma que ele achar mais conveniente para o seu grupo de alunos. Essa atividade pode ser usada sobretudo com alunos que frequentemente cometem algum tipo de infração. O aluno que, por exemplo, frequentemente invade a área pode ser o aluno escolhido para ajudar o professor na arbitragem do jogo nesta regra específica.

Quando as regras principais forem dominadas pelos alunos, o professor pode começar a atribuir mais de uma tarefa para cada um, como assinalar invasão da área do goleiro e gol.

Elementos do jogo

3

Dinâmica do jogo

O handebol e, portanto, também o mini-handebol é uma modalidade esportiva coletiva em que existe alternância de ações de ataque e defesa. Durante uma partida, a equipe passa pelas fases de ataque, defesa, contra-ataque e recuperação defensiva.

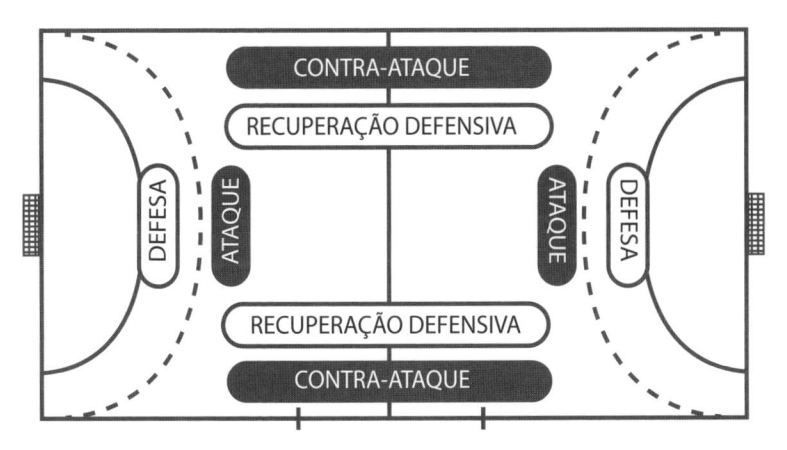

Figura 3.1 – Dinâmica de jogo.

O profissional que trabalha com a modalidade deve ser capaz de identificar essas fases e também de observar e analisar detalhes do jogo. No mini-handebol, o professor não fará treinamento de handebol ou treinamento de ataque e defesa, mas ele deverá buscar atividades e brincadeiras que se pareçam naturalmente com o jogo de handebol. Para isso, ele, como profissional, deve entender a dinâmica do jogo.

As fases citadas anteriormente podem ser descritas da seguinte forma:

- *Defesa*: Fase posicional do jogo na qual se procura evitar que a equipe adversária consiga fazer gols. A intenção do defensor deve ser a de recuperar a bola e evitar o arremesso adversário em situação favorável.
- *Contra-ataque*: Fase transitória do jogo na qual se tenta chegar o mais velozmente possível ao gol adversário, sem que a defesa tenha conseguido se organizar, para conseguir fazer o arremesso em uma situação favorável.
- *Ataque*: Fase posicional na qual a equipe se posiciona para tentar obter o gol, tentando produzir e ocupar espaços vazios na defesa posicionada. A intenção é a de produzir espaço para que o arremesso ocorra em uma situação favorável.
- *Recuperação defensiva*: Fase transitória na qual se tenta impedir que a equipe adversária consiga fazer o gol em contra-ataque.

Essas fases devem lembrar ao profissional da modalidade que o jogo acontece em duas dimensões básicas: largura e profundidade.

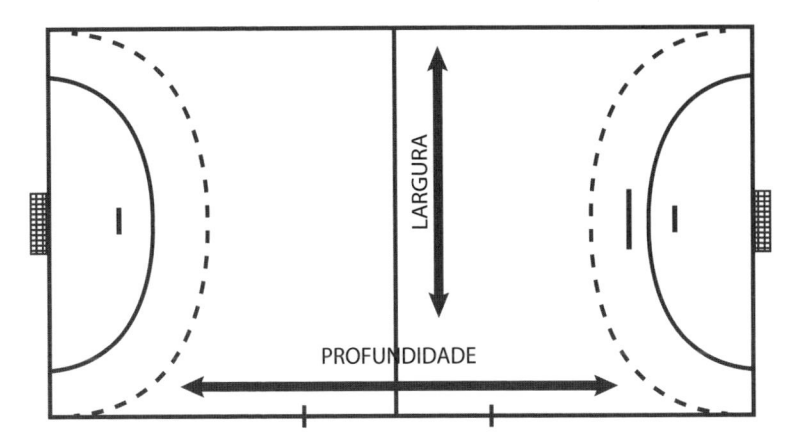

FIGURA 3.2 – DIMENSÕES DO JOGO.

Do ponto de vista conceitual, é importante também que o profissional tenha definições precisas sobre o que é técnica, tática individual e tática coletiva. Muitos especialistas apresentam esses conceitos de maneira diversa, mas é importante lembrar que a ciência do movimento do corpo humano tem evoluído e que tais conceitos, hoje, são influenciados por pressupostos que surgiram na área de comportamento motor, particularmente na área de aprendizagem motora.

Para que seja possível uma reflexão mais precisa a respeito do assunto serão adotadas as seguintes definições:

- *Técnica*: Grupo de habilidades específicas (gestos) que definem a motricidade específica da modalidade. Tem como enfoque o mecanismo de execução do movimento. Este conceito se aplica aos movimentos ofensivos e defensivos.

- *Tática individual*: Utilização adequada da técnica por meio do uso do mecanismo perceptivo e decisório em circunstâncias reais de jogo, de acordo com noções adequadas de atuação. Este conceito se aplica às situações ofensivas e defensivas.

- *Tática coletiva*: Combinação entre dois jogadores ou mais para articular apropriadamente entre eles a técnica e a tática individual. Este conceito se aplica às situações ofensivas e defensivas.

Essas definições são importantes porque em um planejamento o professor deve decidir quanto tempo da prática será dedicado a situações preponderantemente técnicas, táticas ou combinadas, e como ele fará isso. Certamente, essa distribuição de tempo é diferente em razão da faixa etária com a qual se está trabalhando e do nível de aprendizagem do aluno.

Uma ideia importante que influencia diretamente a noção de técnica e tática é a diferenciação entre modalidades que são predominantemente *abertas* ou *fechadas*. Habilidades podem ser classificadas de acordo com a previsibilidade do ambiente, ou seja, quanto mais *imprevisível* é a situação, mais aberta é a habilidade, e quanto mais *previsível* é o ambiente, mais fechada ela é. Como exemplo, pode-se dizer que o handebol é caracterizado como uma modalidade que possui muitas habilidades abertas; já o halterofilismo é uma modalidade em que a característica da habilidade é fechada.

É importante lembrar que o movimento humano é o resultado de uma complexa relação entre os mecanismos envolvidos na realização de um movimento. Antes que um indivíduo faça um movimento, primeiramente ele percebe os estímulos e as solicitações do ambiente e também percebe como seu corpo está posicionado no espaço. Estas informações são analisadas e ele toma decisões sobre como agir. Definido o movimento, esta ordem é passada ao mecanismo efetor, que aciona todos os elementos necessários para que o movimento planejado realmente aconteça.

A observância da característica da modalidade, aberta ou fechada, faz diferença, pois se o professor ensina ao aluno como se o adversário fosse previsível e no jogo isso não acontece, a chance de êxito é muito pequena. Alguns autores representam a relação entre previsibilidade do ambiente e técnica e tática conforme demonstra a Figura 3.3.

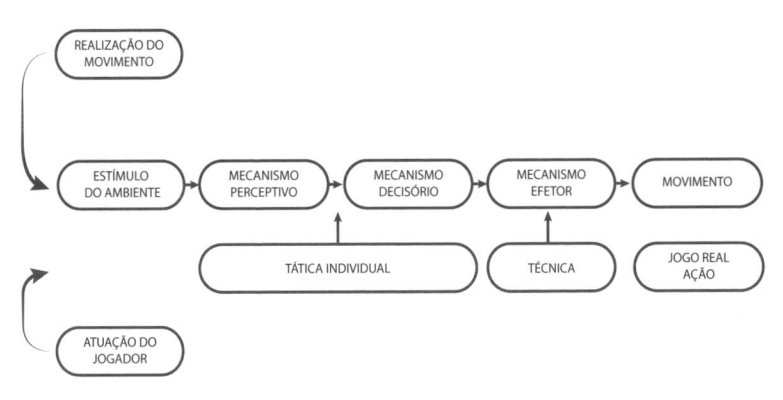

Figura 3.3 – Relação entre ações de jogo e o processamento de informação.
Fonte: adaptado de Laguna (2001), Elzaurdia (2002) e Tani (1988).

Quanto mais um jogador for capaz de fazer escolhas adequadas e solucionar os problemas motores que aparecerem durante a partida, mais êxito esse jogador terá. Contudo, para formar jogadores que realmente consigam fazer uma *leitura de jogo* adequada é preciso que a proposta de atividades durante sua formação contribua efetivamente para isso.

O planejamento dos momentos de prática, a escolha e a implementação das atividades dependem da competência do professor em organizar o processo ensino-aprendizagem. Um jogador inteligente é resultado de uma prática inteligente.

A Federação Europeia de Handebol sugere, em alguns de seus textos divulgados, que a aprendizagem deve ser feita em três etapas:

- o aluno e a bola;
- o aluno e os companheiros de equipe;
- nossa equipe contra outra equipe.

Em cada uma dessas etapas existe uma aprendizagem específica, que é colocada em situação de jogo. Quando se separa o elemento técnico do elemento tático individual e o elemento tático coletivo, isso não significa que o aluno vai aprender de maneira fragmentada. Tais elementos serão organizados de modo que o processo ensino-aprendizagem seja facilitado.

É sempre importante que o professor não se esqueça de ter como referência o jogo real de handebol em seu planejamento geral ou diário. Existem vários métodos de ensino, e o professor deve analisar suas condições e preferências. Entretanto, uma sugestão a ser considerada é aquela em que as situações de prática devem estar relacionados ao jogo real.

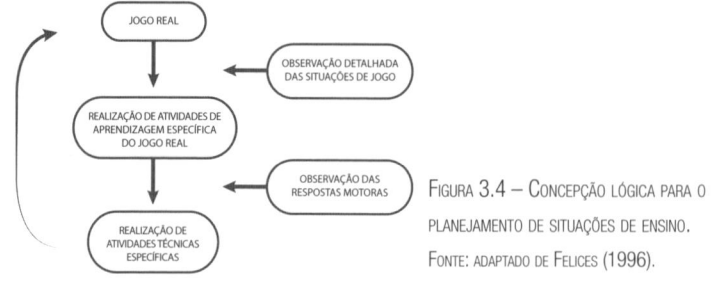

FIGURA 3.4 – CONCEPÇÃO LÓGICA PARA O PLANEJAMENTO DE SITUAÇÕES DE ENSINO. FONTE: ADAPTADO DE FELICES (1996).

Figura 3.5 – Observação do jogo real.

Figura 3.6 – Observação de situações específicas do jogo real.

FIGURA 3.7 – OBSERVAÇÃO DAS SITUAÇÕES MOTORAS.

Elementos técnicos

Existem alguns movimentos que são necessários para o desenvolvimento do mini-handebol. Esse conjunto de gestos técnicos tem uma função específica nessa modalidade e fazem parte da base para a evolução na aprendizagem de handebol. Tais movimentos estão descritos a seguir. No entanto, é importante ressaltar que o aluno não pode apenas repeti-los de maneira automática; ele deve ter consciência do movimento e da sua aplicabilidade durante o jogo. Este processo somente ocorrerá se a coordenação motora geral for trabalhada com o aluno simultaneamente à aprendizagem dos elementos do jogo.

Adaptação à bola

Existe uma maneira adequada para segurar uma bola de handebol, e este fundamento é pré-requisito para as outras habilidades, pois permite ao praticante manter o controle da bola.

Características:
- Deve-se segurar a bola com firmeza.
- Posicionar o dedo mindinho em oposição ao polegar.
- Tocar a bola com os dedos e a parte superior da palma da mão.

Erros mais comuns:
- Apoiar a bola na mão inteira.
- Dedos muito rígidos.
- Apoiar a bola na mão como se fosse uma bandeja.

Figura 3.8 – Adaptação à bola.

Drible

É a habilidade em que o praticante lança a bola contra o chão, sem perder o controle sobre ela.

Características:
- Mão aberta, dedos afastados, porém relaxados.
- A mão deve tocar a parte superior da bola para driblar.
- A bola deve chegar à altura da cintura do jogador.
- O braço que faz o drible deve estar levemente flexionado e direcionado à frente do corpo.

- Punho e cotovelo fazem um movimento de extensão empurrando a bola para o chão.
- O olhar deve estar direcionado para o campo de jogo pelo maior tempo possível.
- Deve-se procurar proteger a bola do adversário.

Erros mais comuns:

- Bater a bola alto ou baixo demais.
- Olhar para a bola enquanto dribla.
- Bater na bola produzindo som quando a bola toca a mão, demonstrando excessiva rigidez no movimento.
- Utilizar o drible para se deslocar durante o jogo quando existe um companheiro de equipe livre para receber a bola.

Figura 3.9 – Drible.

Passe

Gesto técnico usado para passar a bola de um jogador a outro. É uma habilidade fundamental durante o jogo. Há vários tipos de passe, porém, o básico pode ser descrito da seguinte forma:

Características:
- Passe feito apenas por uma das mãos.
- Antebraço formando um ângulo entre 100° e 110°.
- Cotovelo acima da altura do ombro.
- Perna contrária ao braço executor à frente.
- Rotação do tronco.

Erros mais comuns:
- Falta de coordenação entre braço e perna.
- Cotovelo mais baixo que a altura do ombro.
- Pouca utilização do tronco.
- Campo visual restrito durante o passe.

Figura 3.10 – Passe.

Recepção

Tão importante quanto o passe, a recepção deve ser ensinada e aperfeiçoada. Ao tomar contato com a bola, o receptor deve amortecer o impacto realizando um movimento de punhos e cotovelos.

Características:
- Braços estendidos em direção à bola.
- Polegares e indicadores próximos.
- Mãos em forma de "concha".
- Amortecimento do impacto da bola com os punhos e os cotovelos.

Erros mais comuns:
- Rigidez nas mãos e nos braços.
- Falta de coordenação em relação ao tempo necessário para estender e flexionar os braços e receber a bola.

Figura 3.11 – Recepção.

Arremesso

Ação de impulsionar a bola em direção à baliza. Em geral, uma das habilidades que os praticantes mais gostam de realizar, pois, por meio deste gesto técnico, consegue-se chegar a um dos objetivos do jogo. O arremesso básico feito na região central da quadra é descrito abaixo.

Características:

- Arremesso feito por uma das mãos.
- Antebraço formando um ângulo entre 100° e 110°.
- Cotovelo acima da altura do ombro.
- Rotação do tronco.
- O arremesso pode ser feito durante um salto ou com apoio no solo. A perna contrária pode servir como apoio para impulsionar o arremesso.

Erros mais comuns:

- Falta de preparação no braço do arremesso.
- Pouca utilização do tronco.
- Cotovelo abaixo da altura do ombro.
- Falta de coordenação entre a forma de deslocamento e o movimento do tronco e braço.

Figura 3.12 – Arremesso.

Deslocamento de defesa

Os deslocamentos são fundamentais para que o jogador consiga agir defensivamente sem desrespeitar as regras do jogo.

Características:
- Deslocamento lateral, anteroposterior e combinado.
- Pernas flexionadas com um pé levemente à frente do outro.
- Tronco levemente inclinado à frente.
- Braços semiflexionados e afastados do corpo.
- Ocupação máxima do espaço.
- Adequação das distâncias entre o defensor e o atacante durante a partida conforme a necessidade do jogo.

Erros mais comuns:
- Desequilíbrio durante o deslocamento.
- Extensão das pernas.

- Relaxamento dos braços.
- Falta de concentração em quem se marca.

FIGURA 3.13 – DESLOCAMENTO DEFENSIVO.

Interceptação da bola

É um dos fundamentos mais importantes do jogo, pois permite à equipe a retomada da posse de bola e evita que o adversário possa fazer o gol. É importante lembrar que o objetivo do jogo é fazer mais gols que a equipe adversária. Se o arremesso permite a obtenção de parte deste objetivo, a interceptação da bola permite a outra parte do objetivo, pois impede que a equipe adversária chegue ao gol.

Características:
- Agir de maneira a surpreender o adversário.
- Sair para interceptar quando a bola estiver saindo da mão do jogador que passa a bola.
- Interceptar a bola perto de quem vai recebê-la.

- Procurar interceptar o passe com as duas mãos.
- Procurar interceptar os passes mais longos.

Erros mais comuns:
- Procurar interceptar a bola próxima ao jogador que irá passar.
- Agir antes que o jogador que irá passar tenha soltado a bola da mão.
- Não posicionar as mãos para interceptar o passe.

FIGURA 3.14 – INTERCEPTAÇÃO DA BOLA.

Interceptação ao oponente

A interceptação ao oponente é a forma de inutilizar a ação do atacante com a bola que visa reduzir significativamente o êxito do atacante.

Este é um movimento técnico que deve ser ensinado com muita cautela, pois pressupõe o contato físico direto entre o defensor e o atacante. Dessa forma, é importante que se atente ao comportamento das crianças para que não se machuquem ou utilizem força excessiva. Somente o professor conseguirá observar e decidir se seus alunos já estão prontos para aprender esses movimentos. De qualquer forma, o professor deve conhecer os pressupostos básicos desta ação. Se não for possível ensiná-la no mini-handebol, devem existir atividades, brincadeiras e jogos que auxiliem a criança a se acostumar com alguma forma de contato físico e com a ocupação de espaços.

Quando o professor achar que os alunos já têm o conhecimento necessário do funcionamento do jogo e maturidade suficiente, ele poderá ensinar a técnica de interceptação do oponente, descrita abaixo.

Características:
- O defensor deve se posicionar em frente ao atacante; especialmente o tronco do defensor deve estar claramente posicionado à frente do tronco do atacante.
- Um braço do defensor deve se posicionar no antebraço do arremessador, evitando efetivamente o arremesso, enquanto o outro braço acompanha o quadril do arremessador para controlar melhor o oponente e evitar que ele mude de direção ou consiga se livrar da marcação.
- Uma perna do defensor deve ficar à frente; ela deve ser a do mesmo lado do braço do arremessador.

Erros mais comuns:
- Agarrar, puxar ou empurrar o atacante.
- Tentar controlar o atacante lateralmente.
- Desequilibrar-se durante esta ação defensiva.

- Deixar que o tronco do atacante ultrapasse o tronco do defensor.
- Desistir de controlar o adversário antes que a situação se defina.

Elementos básicos de goleiros

O goleiro exerce função primordial em um jogo de mini--handebol, porém, muitas vezes não lhe é dada a devida atenção e muitas crianças que não atuam como goleiros não compreendem este posto específico. Nas atividades de mini--handebol é importante que todas as crianças vivenciem essa situação e entendam como um goleiro se sente quando atua em um jogo dessa modalidade.

A inserção de qualquer criança na posição de goleiro deve ser realizada com cautela. A primeira coisa a ser feita é acostumá-la ao contato com a bola de maneira segura. A pior experiência que pode acontecer nesta fase é a criança se machucar. Deve-se, progressivamente, fazer que as crianças fiquem tão adaptadas à bola que comecem a perder o medo dela. Esse processo pedagógico será detalhado futuramente.

Um goleiro atua defensivamente quando impede que a bola entre no gol e atua ofensivamente quando repõe a bola em jogo. É importante lembrar que esta ação pode ser responsável por muitos contra-ataques de sucesso e não deve ser negligenciada.

De maneira simplificada, é possível afirmar que as ações básicas de um goleiro envolvem a posição base, os deslocamentos, a defesa propriamente dita e a reposição da bola no campo de jogo. Entretanto, é importante ressaltar que a técnica de goleiros é variável de acordo com o porte físico e as características de cada um.

Características:

- *Posição base*: o goleiro deve procurar manter o equilíbrio durante todo o tempo, bem como o apoio na parte anterior dos pés para melhorar a velocidade de reação no caso de um arremesso. A *guarda*, ou seja, os braços devem se posicionar com o objetivo de cobrir o maior espaço possível da área da baliza. O goleiro deve manter o seu campo visual acompanhando a trajetória da bola.

Figura 3.15 – Posição base de goleiro (no centro).

FIGURA 3.16 – POSIÇÃO DE GOLEIRO SEGUNDO O LOCAL DE ARREMESSO (EM DESLOCAMENTO).

- *Deslocamentos*: o goleiro deve deslocar-se conforme a movimentação da bola e posicionar-se na bissetriz do ângulo formado pela bola e as traves. O deslocamento é feito sempre um pouco à frente da linha de gol.

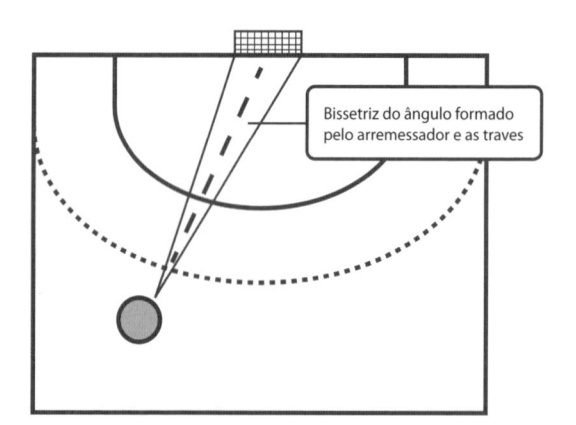

FIGURA 3.17 – REPRESENTAÇÃO GRÁFICA DA POSIÇÃO DO GOLEIRO DE ACORDO COM O ARREMESSO.

- *Defesa*: o goleiro deve manter um tônus muscular adequado, ou seja, mais rígido, para evitar lesões quando ocorrer o impacto com a bola. Ele deve aprender a posicionar as mãos para proteger áreas sensíveis, como o rosto. O tempo de reação do goleiro deve ser treinado para que não se antecipe ou se atrase em relação ao momento exato da chegada da bola no gol.

- *Reposição de bola*: a reposição da bola em jogo exige que o goleiro tenha uma boa técnica de passe em variadas distâncias e um treinamento específico no que se refere à percepção rápida do jogador de linha mais bem colocado e apto a receber o lançamento de contra-ataque.

Erros mais comuns:

- Não distribuir o peso do corpo nos dois pés, provocando, desta forma, o desequilíbrio.
- Não fazer o deslocamento necessário e deixar uma área muito grande para que o atacante com bola faça o gol.
- Reagir defensivamente antes que a bola saia da mão do arremessador.

Defesa individual

A defesa individual, na verdade, é um comportamento tático. No entanto, ela pode ensinar muito a quem está iniciando no handebol, pois:

- exige de cada jogador responsabilidade na defesa;

- aprimora os deslocamentos defensivos, já que se realiza em grandes espaços;
- desenvolve a concentração dos jogadores;
- estimula a interceptação da bola.

Na defesa individual, a responsabilidade de cada jogador é fundamental, pois um erro pode prejudicar a equipe definitivamente. É por esse motivo que, no início da aprendizagem, é tão importante o uso deste sistema defensivo. A partir da noção de marcação individual, a criança aprenderá todas as noções básicas defensivas que são usadas nos outros sistemas.

A marcação individual, quando utilizada da maneira mais simples, não solicita muitos recursos táticos, o que facilita sua execução pelas crianças. Além disso, inicialmente, este tipo de marcação permite marcar vários gols, o que acaba por motivar os aprendizes durante o jogo, caracterizando-se como mais um aspecto fundamental para utilizá-lo no mini-handebol.

A aprendizagem da marcação individual possui várias etapas:

1) A princípio, a criança entende que marca apenas um jogador da equipe adversária. Não há nesta etapa uma preocupação com a técnica defensiva.

2) Na segunda etapa, deve-se explicar à criança dois princípios básicos. O primeiro é de que ela deve se colocar entre o atacante e a baliza, e o segundo é que, depois, deve manter-se alinhada em relação ao adversário com deslocamentos defensivos.

3) O aperfeiçoamento desta etapa se complementa quando a criança consegue antecipar a trajetória do adversário e colocar-se na linha de passe, evidenciando-se, assim, a importância de interceptar a bola.

Deve-se também ensinar ao defensor a importância de se proteger a região central da quadra, diminuindo, desse modo, o ângulo de atuação do atacante.

A sequência de tais aprendizagens, como a utilização de trocas e coberturas, poderão ser aprendidas nas fases subsequentes.

É necessário lembrar, também, que a evolução do jogo ofensivo e defensivo deve ter um equilíbrio para que os jogadores obtenham sucesso em relação ao jogo.

Toda essa preocupação tem respaldo na evolução do handebol moderno. A literatura especializada tem mostrado cada vez mais enfaticamente a necessidade de se instituir uma metodologia de trabalho que desenvolva igualmente a técnica ofensiva e defensiva.

Tal pressuposto tem justificativa no fato de que, para vencer um jogo, não é necessário apenas fazer gols, o que seria uma visão simplista das regras. A realidade mostra que é necessário fazer *mais* gols do que o adversário e, neste fato, reside a importância da defesa. Portanto, é fundamental o desenvolvimento destes dois aspectos do jogo, ataque e defesa, para que sejam eficazes desde as fases iniciais do processo ensino-aprendizagem.

Para o professor que trabalha com a iniciação é um desafio manter a mesma qualidade na aprendizagem e a manutenção do desempenho de fundamentos ofensivos e defensivos, mesmo que os praticantes saibam que defender é tão importante para o resultado final do jogo como atacar. O aluno deve compreender que aquele que tenta interceptar a bola não é o *bobinho* ou que quem consegue recuperar a posse de bola é realmente *esperto*, pois para fazer gols é preciso ter a bola sob controle.

Consequentemente, é essencial evidenciar os aspectos que precisam ser desenvolvidos durante esse período de formação de jogadores. Deve-se lembrar que os jogadores da defesa devem atuar como se indica abaixo.

Características:

- Permanecer sempre com o tronco alinhado em relação ao tronco do atacante.
- Posicionar-se entre o atacante e a baliza.
- Manter uma distância adequada do atacante conforme a demanda do jogo.
- Executar o deslocamento defensivo conforme a descrição anterior.
- Ampliar o campo visual sem deixar de marcar o oponente direto.
- Ter sempre a intenção de interceptar a bola da equipe adversária.

Erros mais comuns:

- Esquecer quem é o oponente direto.
- Deixar de fazer deslocamentos defensivos.
- Aumentar muito a distância entre o atacante e o defensor.

Figura 3.18 – Jogador atuando durante a marcação individual.

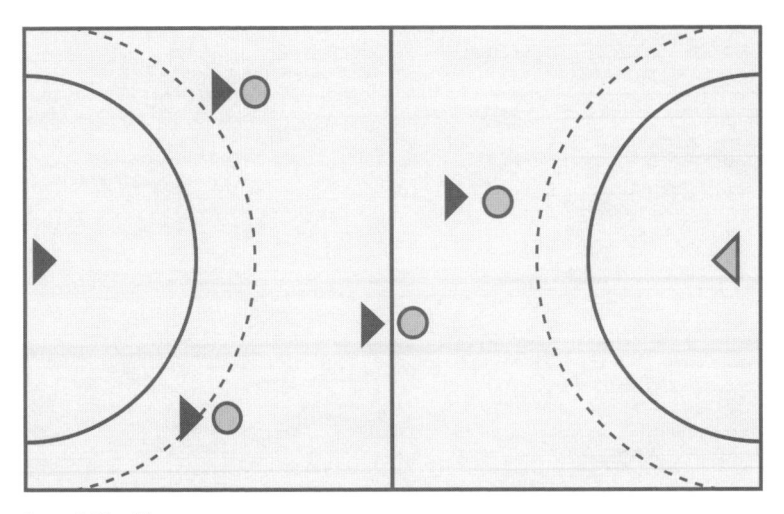

Figura 3.19 – Marcação individual realizada por uma equipe.

Conhecer tais elementos facilita a ação do professor na medida em que lhe permite fornecer orientações precisas que facilitam a aprendizagem do aluno. Somente um olhar treinado para a análise do movimento pode detectar possíveis falhas e ajudar o aluno a conseguir realizar um movimento mais eficiente durante um jogo.

Não há professor que consiga obter credibilidade dos alunos se não souber o que está ensinando.

Organizando a prática

Princípios de movimento

A organização da prática certamente depende da competência do professor em aplicar princípios de ensino. É importante lembrar que o processo ensino-aprendizagem é uma atividade organizada e sistemática, que faz que o aprendiz adquira o domínio de determinado conteúdo com base em unidades didáticas. Para ter êxito na organização do conteúdo é fundamental que o professor tenha conhecimento nas áreas de desenvolvimento motor, aprendizagem motora, controle motor, pedagogia do esporte, entre outras áreas de estudo do movimento humano. Depois, é preciso que ele saiba aplicá-las ao ensino do handebol.

Esses conhecimentos permitem ao professor decidir sobre a melhor forma de ensinar em diferentes circunstâncias, diferentes grupos e diferentes níveis de complexidade. Assim, do mesmo modo que se diz que um jogador é habilidoso quando possui vários recursos, um técnico ou professor também demonstra competência quando tem diversos recursos para ensinar a mesma coisa, adequando seu estilo de ensino, metodologia ou princípios didáticos de acordo com a necessidade do aprendiz, bem como sua capacidade de organizar essas unidades didáticas.

Todo e qualquer processo pedagógico deve ter um referencial teórico. Nesse período, é prioritário refletir e fixar os conceitos de aprendizagem ao conteúdo que se pretende ensinar.

O primeiro aspecto a ser considerado é a observação dos problemas que se apresentam em um grupo de iniciantes na prática do mini-handebol. Conforme a observação de grupos de iniciação, é comum surgir os seguintes problemas:

- A bola é o centro do jogo;
- O jogo não progride e o ritmo é truncado;
- Há poucos arremessos e gols;
- Qualquer um pega a bola, mas não há controle dela;
- Não há entendimento do jogo e, portanto, as ações não são bem-sucedidas;
- Aparece o individualismo;
- O jogo é centrado no jogador que está com a bola;
- O jogo acontece perto da área;
- Existe a falta de compreensão entre fases de ataque e defesa;
- Existe uma dificuldade em jogar em espaços reduzidos;
- Há excesso de faltas;
- Ausência de um plano de ação para chegar ao gol;
- Observa-se a dificuldade em ter êxito nas ações por falta de condições técnicas de realizar o movimento. Por exemplo, tentar fazer um passe longo para um companheiro, mas não conseguir por falhas na execução do movimento.

Essas características do jogo de iniciantes são comuns e fazem parte do processo de aprendizagem. Nesse sentido, é importante fazer que o aluno passe por todo o tipo de experiência motora. O planejamento do professor deve incluir situações em que:

- O desenvolvimento motor básico seja explorado de maneira versátil;
- Sejam exploradas todas as categorias de movimento, como locomoção, estabilização e manipulação de modos variados e combinados;
- Todas as posições em quadra sejam experimentadas por todos os jogadores;
- Situações-problema de natureza tática possam ser descobertas pelo aprendiz e que ele tente solucioná-las de acordo com os princípios táticos do jogo real.

O conteúdo dessa fase caracteriza-se por:
- Capacidades perceptivas;
- Coordenação motora;
- Elementos técnicos ofensivos;
- Elementos técnicos defensivos;
- Jogos;
- Regras adaptadas.

Este conteúdo deve manter uma estreita relação com a característica lúdica da criança e o jogo real.

A criança deve ser desafiada em situações em que ela necessite analisar, inferir, deduzir, tirar conclusões, relacionar, descobrir na prática quais as soluções para os problemas que surgirem, para que ela possa, de maneira ativa, construir seu próprio conhecimento. Quanto mais amplo o repertório motor da criança e quanto maior a consciência sobre os princípios do jogo em si, maior será o seu êxito e mais completo e autônomo este jogador se tornará.

Para saber como organizar as aulas para que os alunos alcancem esses objetivos é preciso conhecer um pouco sobre os níveis de complexidade das tarefas e como manipulá-los durante as atividades oferecidas nas sessões de prática.

Níveis de complexidade

Quando se propõe alguma atividade aos alunos é importante observar se eles conseguem ou não ter êxito na atividade. Se todos conseguirem realizá-la sem muito esforço, é sinal de que talvez seja uma atividade muito fácil, o que pode desmotivar os alunos. Porém, se a maioria dos alunos não consegue realizar a tarefa, é sinal de que ela está muito difícil e, novamente, isso poderá desmotivá-los, pois eles podem achar que é impossível realizar tal tarefa e acabar desistindo.

Ao planejar uma sessão de prática, o professor deve pensar em atividades que os alunos possam realizar. Entretanto, essas atividades sempre devem apresentar alguma dificuldade para que o aluno experimente situações novas e aprenda com elas, favorecendo, dessa forma, um processo de constante evolução.

Existem opções de referenciais teóricos para orientar a organização da prática. Será adotada aqui a teoria do processamento humano de informações, como já foi mencionado anteriormente.

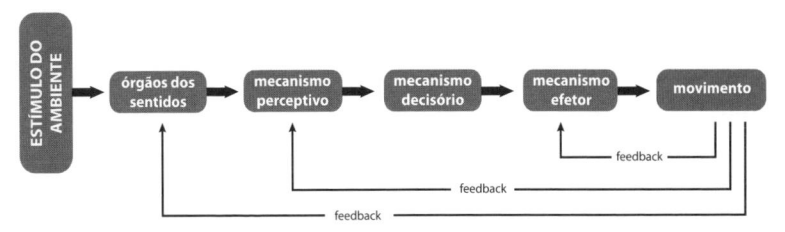

Figura 4.1 – Modelo simplificado de processamento de informação para realização de um movimento.
Fonte: adaptado de Tani (1988), Magill (1984), Schmidt e Wrisberg (2001).

Cada um dos mecanismos tem uma função própria. Para realizar o movimento, o indivíduo capta as informações do ambiente por meio da visão, do tato, da audição e do olfato. O indivíduo também é capaz de perceber a posição do seu próprio corpo ou do seu próprio movimento, o que está representado no modelo como mecanismo perceptivo. Ao analisar toda a situação, o indivíduo decide como deve proceder, o que está representado no modelo como mecanismo decisório. A seguir, ele encaminha esses comandos ao sistema muscular, representado no modelo como mecanismo efetor. O resultado de todo esse processo é o movimento, que é o aspecto que pode ser observado. Esse processo também gera o que comumente se chama de *feedback*, ou seja, informações que ajudam o indivíduo a comparar se o que ele planejou e o que ele executou estão de acordo, assim como o resultado do seu movimento em relação à intenção inicial. Muitas vezes o jogador sabe se seu arremesso foi bem executado antes mesmo que a bola chegue ao gol.

De acordo com vários autores, ao analisar uma tarefa conforme o modelo apresentado acima, é possível que o professor controle os níveis de complexidade do movimento, tornando as tarefas mais fáceis ou mais difíceis para os seus alunos, segundo o seu planejamento. Isso é importante porque permite que ele tenha sempre atividades que desafiem o aluno a aprender algo novo, mas que não seja impossível de se realizar. Muitos professores fazem isso intuitivamente; entretanto, conhecer os conceitos e a teoria pode ajudar muito a organizar todas as atividades. Os fatores que influenciam os níveis de complexidade em cada mecanismo estão representados a seguir.

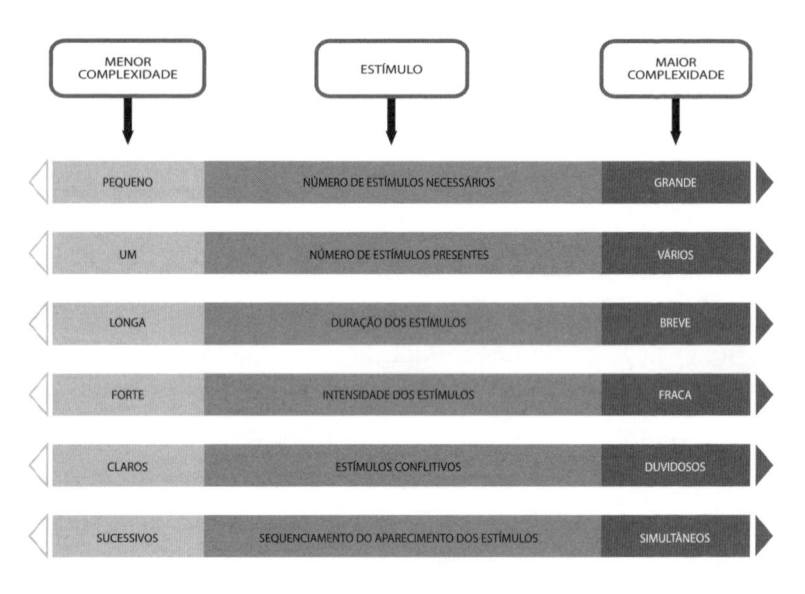

Figura 4.2 – Fatores que interferem no nível de complexidade relacionado ao mecanismo perceptivo.
Fonte: adaptado de Mayo (2000) e Maldonado (1991).

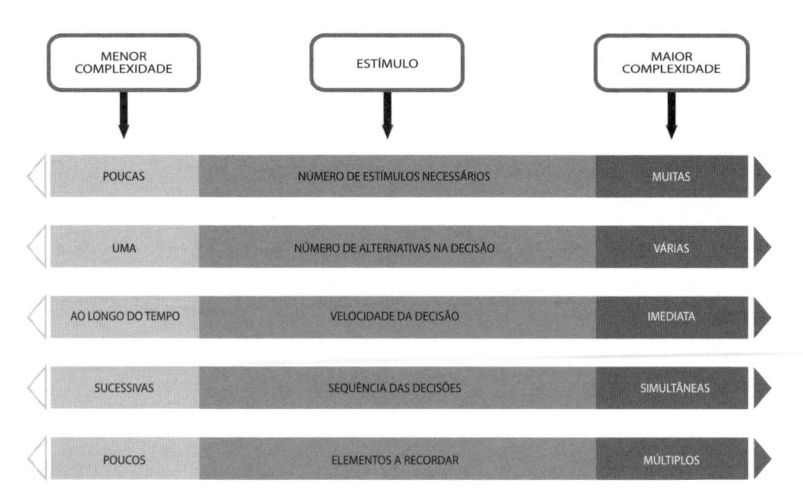

Figura 4.3 – Fatores que interferem no nível de complexidade relacionado ao mecanismo decisório. Fonte: adaptado de Mayo (2000) e Maldonado (1991).

Figura 4.4 – Fatores que interferem no nível de complexidade relacionado ao mecanismo efetor. Fonte: adaptado de Mayo (2000) e Maldonado (1991).

Ao planejar atividades segundo níveis de complexidade e que sejam fundamentadas nas situações do jogo de mini-handebol propriamente dito, o professor oferece ao praticante um amplo acervo motor que lhe dará meios para responder adequadamente às exigências do jogo.

Pode-se imaginar, por exemplo, o processo ensino-aprendizagem dos movimentos básicos de um goleiro. O goleiro rebate a bola que vem em sua direção. Se a trajetória da bola for mais lenta, ele terá mais tempo para observar o objeto, o que facilitará sua reação. Se a bola for de uma cor chamativa, o goleiro terá mais facilidade para identificar sua trajetória. Muitas vezes as brincadeiras de rebater bexigas podem ensinar movimentos de defesa do goleiro de maneira mais simples e, com o tempo, pode-se incluir bolas cada vez mais parecidas com bolas de handebol até que o goleiro saiba os movimentos básicos e não tenha medo de se machucar, acostumando-se gradualmente com o movimento.

O professor deve pensar nas atividades que normalmente são aplicadas à aprendizagem dos goleiros e comparar com os modelos acima representados. Se o goleiro apresenta muitas dificuldades, ele deve imaginar formas de tornar a ação menos complexa. Em contrapartida, se o goleiro consegue atuar de maneira satisfatória, o professor deve pensar nos fatores que podem ser manipulados para aumentar a complexidade das atividades e aprimorar as técnicas do goleiro.

Esses conceitos podem ser aplicados no planejamento de toda a prática. Aliás, tal concepção explica por que os especialistas da Federação Internacional de Handebol sugerem que a aprendizagem do mini-handebol ocorra em três etapas:

- o aprendiz e a bola;
- o aprendiz e seus companheiros de equipe;
- a equipe (o aprendiz e seus companheiros) contra a equipe adversária.

A partir dessas ideias, o professor pode usar alguns instrumentos para organizar sua prática. É importante dizer que esses instrumentos se referem às formas de registro do seu trabalho. Não há como determinar uma sequência lógica de atividades se o professor não se lembra do que ensinou no dia anterior, na semana passada ou tampouco sabe o que fará na próxima semana. Organizar o trabalho significa fazer do registro das atividades um hábito diário.

Ficha técnica

Como já foi dito anteriormente, o professor deve conhecer os elementos a serem ensinados em cada etapa do trabalho. Se o professor encontrar dificuldades com os gestos técnicos específicos, ele poderá elaborar fichas das habilidades desenvolvidas com descrições detalhadas e que possam ser consultadas em caso de dúvida.

QUADRO 4.1 MODELO DE FICHA TÉCNICA

HABILIDADE	
Característica do movimento	
Utilização no jogo	
Erros mais comuns	
Consequências dos erros	
Correções	

Ficha de atividades

Considerando-se que a variedade de atividades propostas é essencial para o aumento do acervo motor, da estimulação dos mecanismos envolvidos no movimento e da própria motivação dos alunos, vale destacar que uma mesma habilidade pode ser trabalhada de diversas formas. Para ajudar o professor nessa tarefa ele pode criar um *banco de atividades*, ou seja, registrar uma série de brincadeiras, exercícios, jogos e similares que tenham uma função específica. Esse acervo é formado por várias fichas nas quais o professor registra atividades específicas e que também facilitam o planejamento e a organização das aulas.

QUADRO 4.2 MODELO DE FICHA DE ATIVIDADES (A)

Habilidade que se deseja desenvolver	
Descrição da atividade	
Correções (informações essenciais)	
Variações	
Observações	

QUADRO 4.3 MODELO DE FICHA DE ATIVIDADES (B)

Habilidade:		
Nível do grupo:		
Material:		
Tempo:		
Descrição da atividade	**Organização e representação gráfica**	**Variações**

Cada professor pode elaborar um modelo de ficha de atividades com as informações que julgar mais relevantes e tentar construir um acervo para cada conteúdo a ser ensinado. Dessa forma, ele poderá, sempre que quiser, consultar esse material e elaborar treinos variados e inovadores para seus alunos. Além disso, em cada uma dessas atividades o professor pode pensar em como manipular os níveis de complexidade. Ou seja, ele pode propor a mesma atividade para um grupo mais de uma vez, mas em cada uma dessas experiências ele poderá alterar o nível de complexidade. Isso faz que o aluno se sinta confortável por já conhecer a atividade e, ao mesmo tempo, desafiado por ter sempre um elemento novo e mais *difícil*.

Plano anual

O material descrito anteriormente é um material de pesquisa e consulta do professor. Contudo, para organizar o trabalho é necessário saber onde se quer chegar, ou seja, quais são as metas e os objetivos ao final do ano e em que ritmo eles serão conquistados. Alguns autores sugerem que os objetivos de um trabalho sejam os aspectos gerais que se quer alcançar, como compreender as regras básicas do jogo. Já as metas seriam resultados quantificáveis, como não ter uma evasão de alunos maior do que 10% durante o ano.

Para atingir os resultados, o professor deve saber organizar sua prática, registrando o planejamento e os resultados obtidos. Isso é fundamental para que ele tenha uma sequência do que está evoluindo bem e reorganize o que não está a contento.

Na preparação do plano anual, é preciso considerar alguns aspectos como:

- A idade do grupo;
- O estágio de desenvolvimento do grupo;
- O local disponível para prática;
- A frequência dos treinos, ou seja, quantas vezes por semana ele ocorrerá;
- A duração dos treinos, ou seja, o horário de início e de término dos treinos;
- O material disponível;
- O número de alunos por turma;
- A frequência na participação dos alunos;
- A possibilidade de participar de competições ao longo do ano.

Os objetivos podem ser distribuídos em um quadro geral (Quadro 4.4).

Quadro 4.4 Modelo de quadro para organização das metas e objetivos anuais

Objetivos anuais	M1	M2	M3	M4	M5	M6	M7	M8	M9	M10	M11	M12
	Metas e objetivos que devem ser alcançados após um ano de trabalho											
Descrição obj. físicos												
Objetivo 1												
Objetivo 2												
Descrição obj. motores												
Objetivo 1												
Objetivo 2												
Descrição obj. psicológicos												
Objetivo 1												
Objetivo 2												
Descrição obj. cognitivos												
Objetivo 1												
Objetivo 2												
Descrição educação esportiva												
Objetivo 1												
Objetivo 2												

O Quadro 4.4 é apenas uma sugestão para que o professor consiga determinar quantos objetivos é capaz de enfocar em seu trabalho a cada mês (M1, M2, M3 etc.) e determinar a sequência de trabalho.

No que se refere aos objetivos, deve-se descrever detalhadamente cada um deles e relacionar tantos quantos forem necessários.

Seria muito difícil trabalhar todos os objetivos com a mesma ênfase o tempo todo. Por esse motivo, a organização de etapas e o seu sequenciamento pode ajudar o professor a enfatizar determinados conteúdos ao longo do ano, além de deixar claro o que deverá ser avaliado ao final de cada etapa.

Um bom plano deve ter harmonia, ou seja, deve enfatizar aspectos motores, psicológicos, cognitivos, entre outros, de modo que equilibre as demandas feitas aos alunos. Além disso, ele também deve ter fluência em todos esses domínios, ou seja, ter uma sequência de experiências contínuas e que não causem sobressaltos no processo de aprendizagem.

Plano mensal

O plano mensal é um detalhamento do plano anual. Tomando como base o plano anual, a sugestão é que o professor estabeleça, a princípio, quatro bimestres e que, em cada quadro, os meses sejam divididos em semanas.

No exemplo mostrado no Quadro 4.5, o professor poderá marcar com um X os objetivos que predominarão durante a semana, em relação ao tempo de prática e à atenção do próprio professor. Isto *não significa* que em determinada semana o aluno não vá realizar todas as habilidades, significa apenas que a atenção do professor incidirá sobre determinadas habilidades, que serão detalhadas, demonstradas e corrigidas naquela semana especificamente. Trata-se de um modo de organizar o trabalho, independentemente do método de ensino adotado.

Quadro 4.5 Modelo de quadro para organização do plano mensal

OBJETIVOS / MÊS	MARÇO				ABRIL			
SEMANAS	SEM. 1	SEM. 2	SEM. 3	SEM. 4	SEM. 1	SEM. 2	SEM. 3	SEM. 4
Obj. Físicos								
Exemplo Acompanhar crescimento (altura e peso)								
Obj. Motores								
Exemplo Aprendizagem: Adaptação à bola								
Obj. Psicológicos								
Exemplo Aprendizagem: Interagir com todos os alunos								
Obj. Cognitivos								
Exemplo Aprendizagem: Regras básicas								
Obj. Educação Esportiva								
Exemplo Aprendizagem: Cuidar do material de aula								

Depois de planejar os bimestres e as semanas, deve-se planejar a aula. Não se pode esquecer, em momento algum, que na faixa etária em questão é extremamente necessário que o aprendiz encontre prazer nas atividades realizadas e consiga aplicar o que está aprendendo no jogo.

Plano de aula

O planejamento de aula deve levar em consideração alguns aspectos, como a segurança em aula, a motivação do aluno e o processo ensino-aprendizagem. Para isso é necessária uma boa organização.

O professor deve ter claros, durante o decorrer do seu trabalho, os seguintes fatores:
- Objetivo geral;
- Objetivos específicos;
- Conteúdos;
- Estratégias;
- Métodos de ensino;
- Intensidade de prática;
- Material adequado;
- Utilização do tempo disponível;
- A dinâmica de transição entre uma atividade e outra.

Também é importante que em algum momento, provavelmente no início e no final da aula, o professor possa conversar com seus alunos sobre o que está sendo feito e sobre os acontecimentos durante a aula, reforçando sobretudo os aspectos positivos do que teve êxito e fornecendo informações sobre o que deve ser aprimorado.

Como planejamento diário, uma sugestão simples que pode ser adotada é o modelo de estrutura de aula mostrado no Quadro 4.6.

QUADRO 4.6 MODELO PARA ORGANIZAÇÃO DO PLANEJAMENTO DIÁRIO

ORGANIZAÇÃO DA PRÁTICA	OBJETIVOS	ATIVIDADES
Parte inicial	Coordenação geral e específica	Jogos Brincadeiras
Parte principal	Aprendizagem das habilidades específicas	Atividades específicas da modalidade Jogos reduzidos
	Aplicação das habilidades no jogo	Jogo de mini-handebol
Parte final	Volta às atividades menos intensas	Alongamento / Conversa com o grupo

Existem muitos modelos de organização de aula. Para facilitar sua organização diária, o professor pode utilizar o modelo de ficha apresentado no Quadro 4.7.

QUADRO 4.7 MODELO DE FICHA PARA ELABORAÇÃO DO PLANO DE AULA

PLANO DE AULA	
Modalidade:	Prof.:
Aula nº:	Data:
Categoria:	Tema:
Objetivo:	
Material:	

Atividade	Desenvolvimento	Tempo
INICIAL		
PRINCIPAL		
FINAL		
Observações:		

Este tipo de registro é muito útil ao professor e também facilita o seu trabalho quando há mais de um professor ou técnico, pois faz que qualquer pessoa envolvida na situação possa tomar conhecimento a respeito do que está sendo desenvolvido.

As aulas, portanto, devem ser:

- Direcionadas ao objetivo da semana;
- Criativas em suas estratégias;
- Progressivas em relação ao nível de complexidade;
- Harmoniosas em relação ao conteúdo.

Além disso, o professor deve estar atento à:

- Segurança durante a aula;
- Distribuição do tempo;
- Manutenção da motivação;
- Eficiência na comunicação;
- Eficiência na aprendizagem.

A melhor maneira de fazer que os alunos progridam é planejar o treinamento privilegiando os objetivos, os métodos de ensino e os meios que serão utilizados. Deve haver harmonia e coerência entre as aulas passadas e aquelas que vão se realizar num futuro próximo ou mesmo distante. Por meio da forma de registro proposta anteriormente é possível acompanhar a evolução dos níveis de complexidade das tarefas, promovendo, assim, uma sequência lógica entre as atividades propostas que facilitam a aprendizagem e o aperfeiçoamento dos conteúdos ensinados ao longo do tempo.

Avaliação

O professor que objetiva o desenvolvimento de um trabalho mais consistente e completo ainda poderá ter outros registros que fornecerão maiores dados sobre o trabalho, como:

- Ficha de controle de frequência dos alunos;
- Ficha de controle do peso dos alunos;
- Ficha de controle da estatura dos alunos;
- Controle de desistências e dos motivos pelos quais ocorreram.

Com todos esses dados em mãos, o professor poderá aperfeiçoar seu trabalho e desempenho. Assim, ficará muito mais fácil relacionar os registros cotidianos das aulas. Em suma, o professor deve considerar os seguintes critérios:

Em relação aos alunos:
- Fase de aprendizagem do grupo;
- Objetivos que se deseja alcançar;
- Nível motivacional do grupo;
- Diferenças individuais.

Em relação ao conteúdo:
- Especificidade da modalidade e suas características;
- Nível de complexidade das atividades propostas;
- Variação das atividades propostas como forma de desenvolver o acervo motor de cada aprendiz em relação à qualidade e à quantidade de movimentos;

- Distribuição igualitária do tempo em relação ao conteúdo que deve ser ensinado, especialmente no que se refere ao tempo dedicado à aprendizagem de ataque e defesa.

Em relação ao ambiente:
- Material disponível;
- Local disponível;
- Carga horária disponível;
- Possibilidade de se preparar o material antes do período de prática, considerando-se a segurança na utilização do material e a perda de tempo na troca de materiais durante o período de prática;
- Possibilidade de se criar ou adaptar novos materiais para a aula.

Em relação ao professor:
- Conhecimento específico da modalidade;
- Conhecimento específico sobre o processo ensino-aprendizagem;
- Capacidade de descrever os movimentos;
- Capacidade de demonstrar os movimentos, que também pode ser feito por meio de imagens e vídeos;
- Capacidade de corrigir os movimentos;
- Capacidade de antecipar possíveis dificuldades e problemas que podem ocorrer durante a prática.

Se o professor conseguir manter-se atento a todos esses detalhes, com certeza já terá garantido boa parte do sucesso esperado.

Complementando a organização da prática, deve-se ressaltar a avaliação como parte integrante do processo de elaboração do treino.

A avaliação não significa aprovar ou reprovar alunos. Também não tem por objetivo classificar os melhores ou piores. A avaliação deve ser um processo que esclarece em que aspecto o aluno ou grupo necessita de maior atenção, além de levar o professor a refletir sobre possíveis mudanças de planejamento ou de utilização de recursos extras.

A avaliação é a base para a reorganização de um planejamento.

A aprendizagem significativa só ocorre quando o professor é capaz de se organizar de forma sistemática, planejando e avaliando seu trabalho periodicamente.

Materiais e espaços adaptados

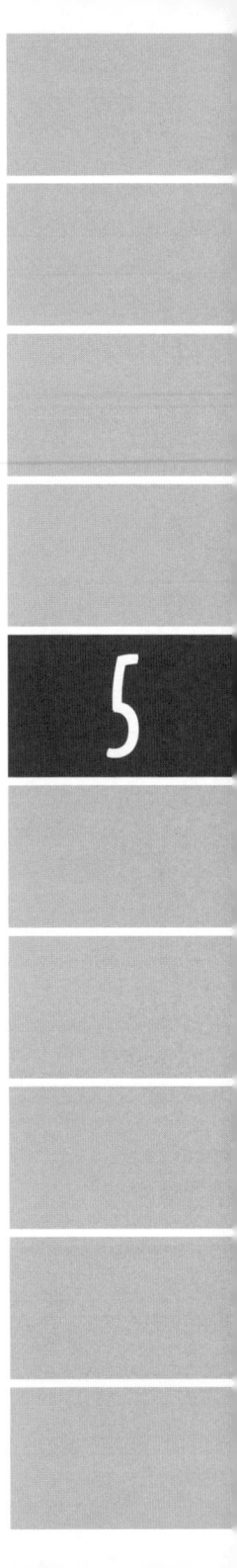

5

Para realizar o trabalho descrito anteriormente seria muito importante ter locais e materiais adequados. É fundamental que instituições e gestores esportivos tenham tanto empenho quanto o técnico em oferecer as melhores condições aos alunos. Os materiais devem ser leves para facilitar o transporte, devem ser armazenados próximo ao local de prática e receber os cuidados, limpeza e manutenção necessárias.

Antes de qualquer planejamento, construção e reforma do espaço de trabalho, o técnico deve ser ouvido, afinal, é ele, mais do que ninguém, que conhece a rotina de trabalho dos seus alunos. A opinião do técnico deve ser respeitada.

Infelizmente é muito comum que professores e técnicos não tenham materiais e espaços ideais para trabalhar. Entretanto, esse fato pode não ser tão limitador como se pensa. Isso não quer dizer que o professor deva deixar de solicitar os materiais adequados, e sim que o trabalho não deve ser limitado em razão deste problema. Às vezes, realmente, não há disponibilidade do material para que se possa comprá-lo, ou mesmo o valor dos equipamentos é algo incompatível com a capacidade de compra da instituição e dos próprios alunos envolvidos no projeto.

Nessas circunstâncias, a criatividade do professor deve fazer a diferença para que a qualidade das aulas seja estabelecida. Na verdade, a adaptação de novos materiais e a inovação pode até ser bastante aproveitável.

Espaços adaptados

A quadra

A quadra de mini-handebol não precisa ser marcada em um solo absolutamente regular com linhas pintadas no chão. Pode-se muito bem jogá-lo na grama, no asfalto, na areia, na terra batida ou em qualquer outro tipo de solo. A demarcação das linhas pode ser feita com cones ou qualquer outro tipo de objeto nos cantos da quadra (uma fita, por exemplo), contanto que não cause risco de acidentes às crianças. Até a linha do goleiro pode ser marcada com objetos sinalizando o semicírculo.

As Figuras 5.1 a 5.4 ilustram a adaptação de espaços esportivos tradicionais para o mini-handebol, e as Figuras 5.5 a 5.7, a adaptação de espaços de lazer.

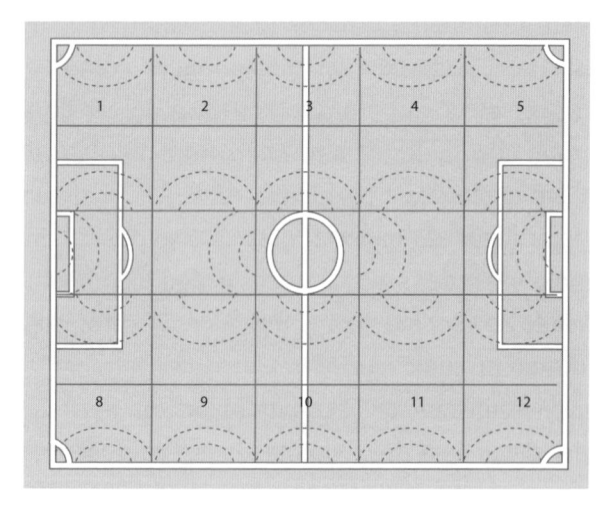

FIGURA 5.1 – ADAPTAÇÃO DO CAMPO DE FUTEBOL

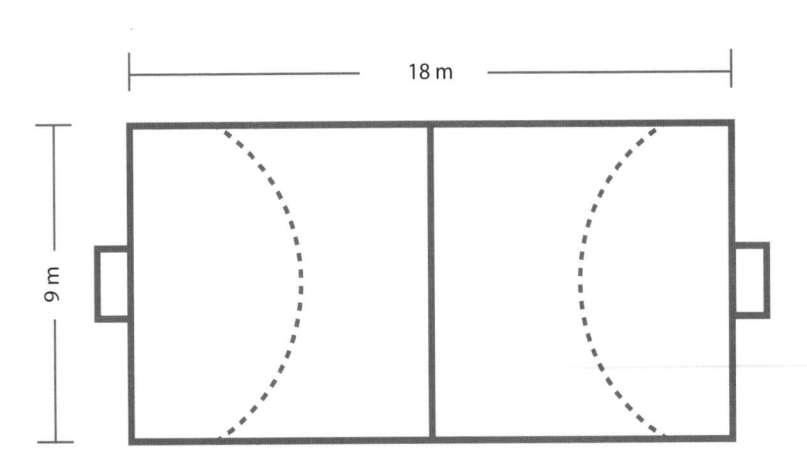

Figura 5.2 – Adaptação da quadra de voleibol.

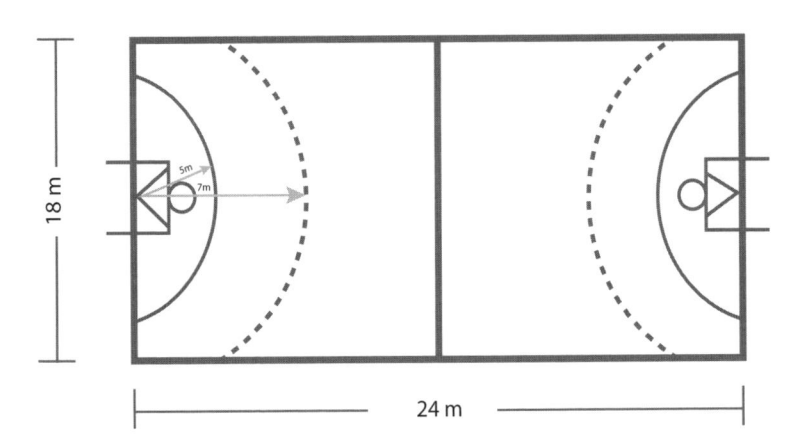

Figura 5.3 – Adaptação da quadra de basquetebol.

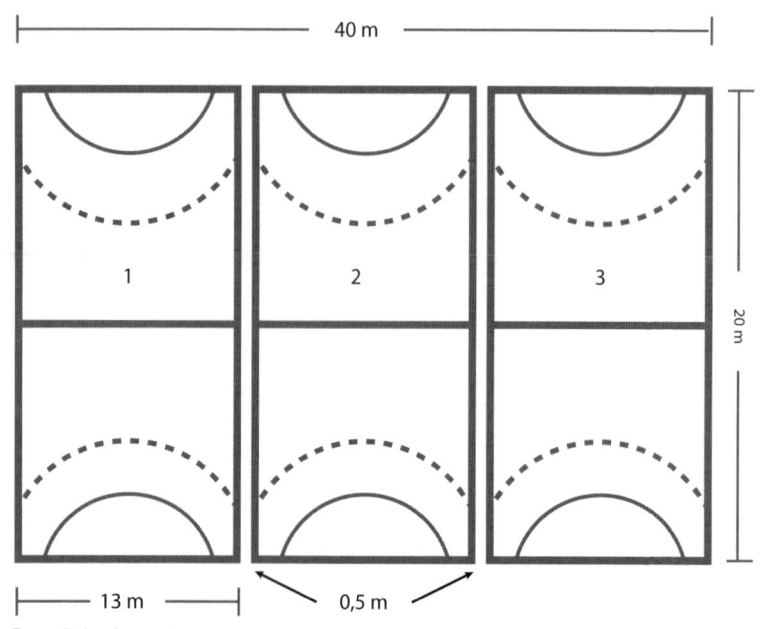

FIGURA 5.4 – ADAPTAÇÃO DA QUADRA DE HANDEBOL.

FIGURA 5.5 – REPRESENTAÇÃO GENÉRICA DE CRIANÇAS JOGANDO NA PRAIA.

FIGURA 5.6 – REPRESENTAÇÃO GENÉRICA DE CRIANÇAS JOGANDO NA GRAMA.

FIGURA 5.7 – REPRESENTAÇÃO GENÉRICA DE CRIANÇAS JOGANDO NA RUA.

Materiais adaptados

As traves

As traves podem também ser adaptadas usando-se, por exemplo, canos de PVC desmontáveis. Também pode-se fazer as traves com duas latas de peso e madeiras, bambus ou materiais similares presos nas latas. Para o travessão, pode-se usar uma fita. Não é necessária uma rede no gol.

Caso o trabalho seja realizado em uma trave oficial de handebol, pode-se usar uma madeira com 40 cm de largura por 3 m de comprimento e colocar ganchos que possam ser fixados no travessão para que a altura da trave seja diminuída. Outra solução é recortar um pedaço de TNT (tecido não tecido) com as mesmas medidas que a madeira e amarrá-lo de uma forma que possa cobrir a parte superior da trave. O TNT é um material comumente usado em escolas para diversas atividades e tem um preço muito acessível.

Todas essas ações permitem que a baliza fique do tamanho adequado para a prática de mini-handebol.

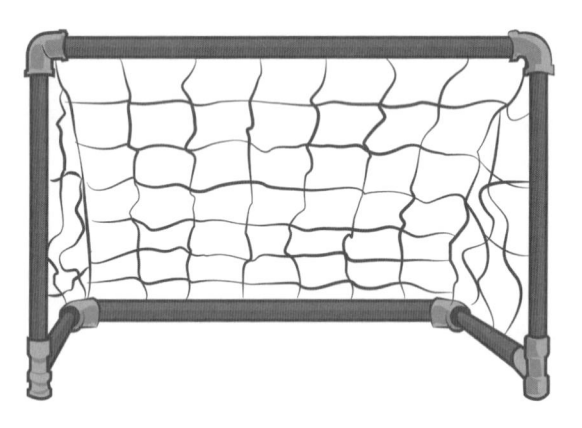

Figura 5.8 – Traves de PVC.

FIGURA 5.9 – TRAVES DE BAMBU.

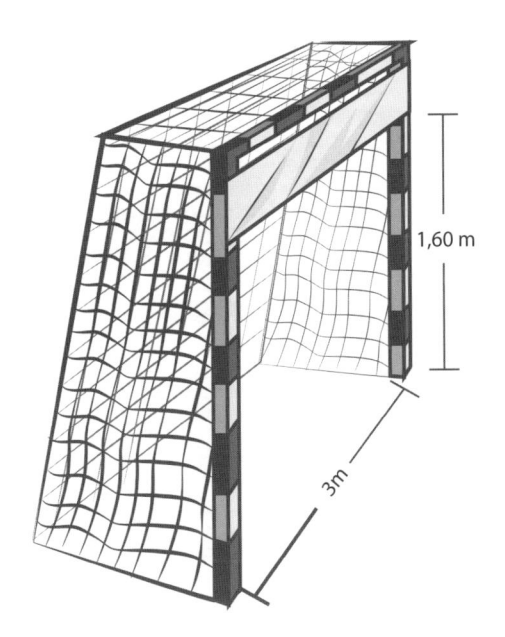

1,60 m

3m

FIGURA 5.10 – ADAPTAÇÃO DA TRAVE DE HANDEBOL COM TNT OU TECIDO.

A bola

A bola pode ser de borracha. No entanto, caso não se consiga adquiri-la, pode-se fabricar uma bola de meia para jogar. Este tipo de bola não vai quicar no chão, por isso deve-se retirar o drible do jogo. É possível também usar bolinhas de tênis, uma vez que, para os tenistas, depois que a bola perde um pouco de sua pressão ela fica inutilizada, embora ainda quique o suficiente para as atividades de drible. Cada situação poderá ter uma solução diferente dependendo dos recursos e da criatividade do professor.

Outro material que pode ser utilizado juntamente com a bola são as bexigas. Elas podem trabalhar as habilidades manipulativas juntamente com outros materiais e ajudar a desenvolver a coordenação motora. É um material de fácil aquisição, barato, colorido e de trajetória lenta.

Cones para exercícios

Para fazer exercícios ou brincadeiras, muitas vezes é preciso demarcar o espaço, o que em geral é feito com cones de borracha. Caso o professor não tenha este material, ele poderá fazer algo parecido da seguinte forma:

- Junte latas de achocolatados, farináceos ou leite em pó;
- Limpe todas as latas por dentro e procure secar com cuidado;
- Coloque umas sobre as outras até alcançar a altura desejada (em geral, três latas empilhadas atingem uma boa altura);

- Passe fita crepe larga para unir as latas;
- Se necessário, coloque papel amassado dentro das latas, que servirão como base para fazer algum peso.

Assim, será possível substituir os cones por vários obstáculos feitos de latas. Garrafas PET também podem ser adaptadas para se transformarem em demarcadores de espaços.

Tarefas adaptadas

Uma das reclamações mais comuns dos professores é a de ter que trabalhar com turmas muito numerosas.

Geralmente, enquanto um grupo de alunos está jogando, os outros ficam ociosos esperando sua vez de participar. Nesta situação, o professor pode utilizar alguns materiais ou algum espaço próximo à quadra para que os alunos que não estejam jogando possam aproveitar melhor seu tempo.

Com um giz, por exemplo, o professor pode desenhar a brincadeira da amarelinha no chão ou criar vários alvos na parede para que as crianças desenvolvam seus próprios jogos. Uma madeira para exercícios de equilíbrio ou uma corda também são outras sugestões. Os próprios alunos acabam se interessando pelo material e organizando seus próprios jogos e brincadeiras.

Esta estruturação do ambiente pode prevenir problemas disciplinares, além de contribuir para o desenvolvimento da coordenação motora geral e estimular a criatividade e a iniciativa dos próprios alunos.

Um recurso importante que deve ser considerado pelo professor é o uso de circuitos. Ao dividir a turma em times, pode-se utilizar um circuito que mobilize todo o grupo.

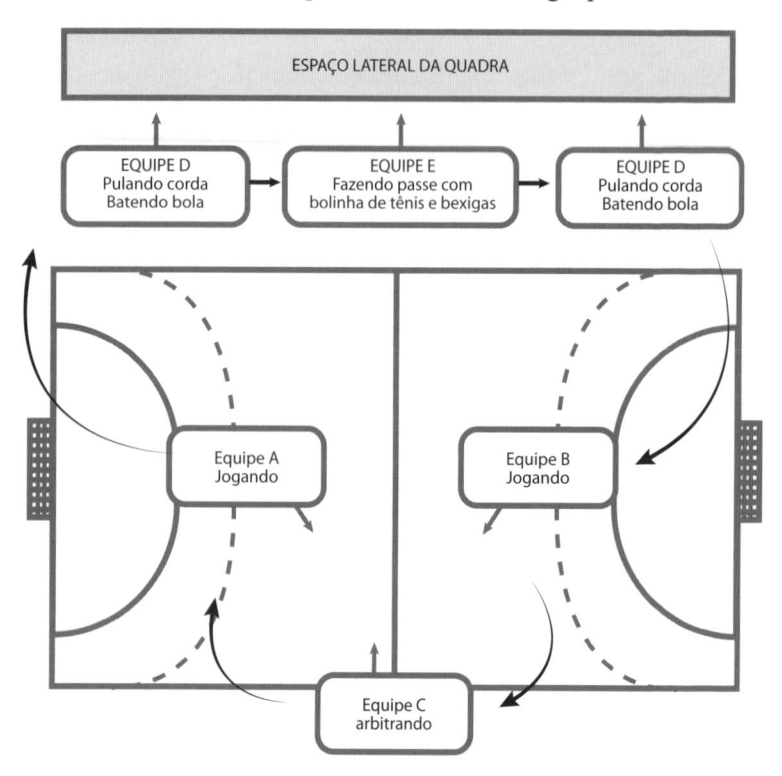

Figura 5.11 — Organização de um circuito.

Em um vídeo divulgado pela Federação Europeia de Handebol, observam-se inúmeros materiais que parecem inusitados para o trabalho de coordenação motora, como pernas de pau, para desenvolver o equilíbrio, crianças deitadas sobre um *skate*, utilizando os braços para se locomoverem, pula-pula para se deslocarem saltando, e uma série de outras atividades que, para um leigo, pode parecer irrelevante no handebol. Porém, é preciso lembrar que o equilíbrio, por exemplo, é fundamental na formação de um jogador de handebol, tanto no momento em que ele está disputando o espaço quanto no momento do arremesso, quando frequentemente os defensores tentam desequilibrá-lo. O sucesso do arremesso neste caso depende justamente da capacidade do jogador de manter-se equilibrado. Esse equilíbrio corporal fará que ele consiga manter a postura e executar um arremesso com precisão.

Jogadores que têm dificuldades com a manutenção do equilíbrio, quando são marcados, erram o arremesso ou acabam caindo, ou, ainda, dependem do árbitro para que a falta seja marcada. Um jogador que consegue manter a postura continua a ação e mantém a precisão na fase final do arremesso. É válido lembrar que a própria lei da vantagem, que se aplica ao handebol, descreve claramente que mesmo que o jogador sofra a falta, mas mantenha o equilíbrio e as condições de arremesso, poderá continuar sua ação ofensiva.

Por essas razões o professor pode usar os mais variados materiais e locais para desenvolver todas as habilidades de seus praticantes. As dificuldades que o professor encontra no seu dia a dia podem ser aliadas importantes para o aumento do acervo motor de seu aluno e a melhoria na qualidade do movimento, criando-se, assim, novas possibilidades de respostas motoras.

Materiais especiais

Certamente é possível fazer um trabalho riquíssimo usando a criatividade e o conhecimento do professor em relação à modalidade. Contudo, é importante também saber que existem materiais especiais que ajudam o professor a desenvolver outras atividades.

O primeiro material que efetivamente chama a atenção são as bolas de mini-handebol. São bolas feitas de borracha macia, de diâmetro apropriado para o tamanho das mãos das crianças e que possuem cores vibrantes, como azul-celeste, amarelo--canário, laranja, vermelho e verde, que facilitam bastante a identificação da trajetória da bola. Além disso, existem bolas extramacias, propícias para o trabalho de goleiros, e outras mais específicas, para jogar na grama e na areia. Todas elas possuem uma textura especial para facilitar a apreensão da bola, auxiliando, desse modo, o processo de adaptação a ela.

Figura 5.12 – Bola especial (macia) para a prática do mini-handebol.

Outros materiais importantes são os que favorecem o trabalho de coordenação geral, a saber:

	Marcadores de quadra. Pesam 50 g cada e são fáceis de distribuir em quadra. Podem ser usados para demarcar espaços, permitindo o desenvolvimento de agilidade e coordenação. A criatividade do professor é o limite para o uso deste material.
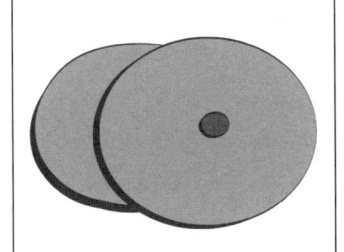	Este outro tipo de marcador, que parece um disco, também pode ser usado em inúmeras atividades. Pode-se combinar tarefas que começam com atividades de locomoção e que depois incluam manipulação e estabilização. Estes marcadores podem substituir os cones e facilitam a ação do professor, pois são mais leves e mais fáceis de carregar e guardar.
	Estas fitas são usadas para demarcação de espaços de jogo na areia, na grama ou solo similar. Elas possuem um elemento fixador e tem cores bem vibrantes para facilitar a visualização do campo de jogo.

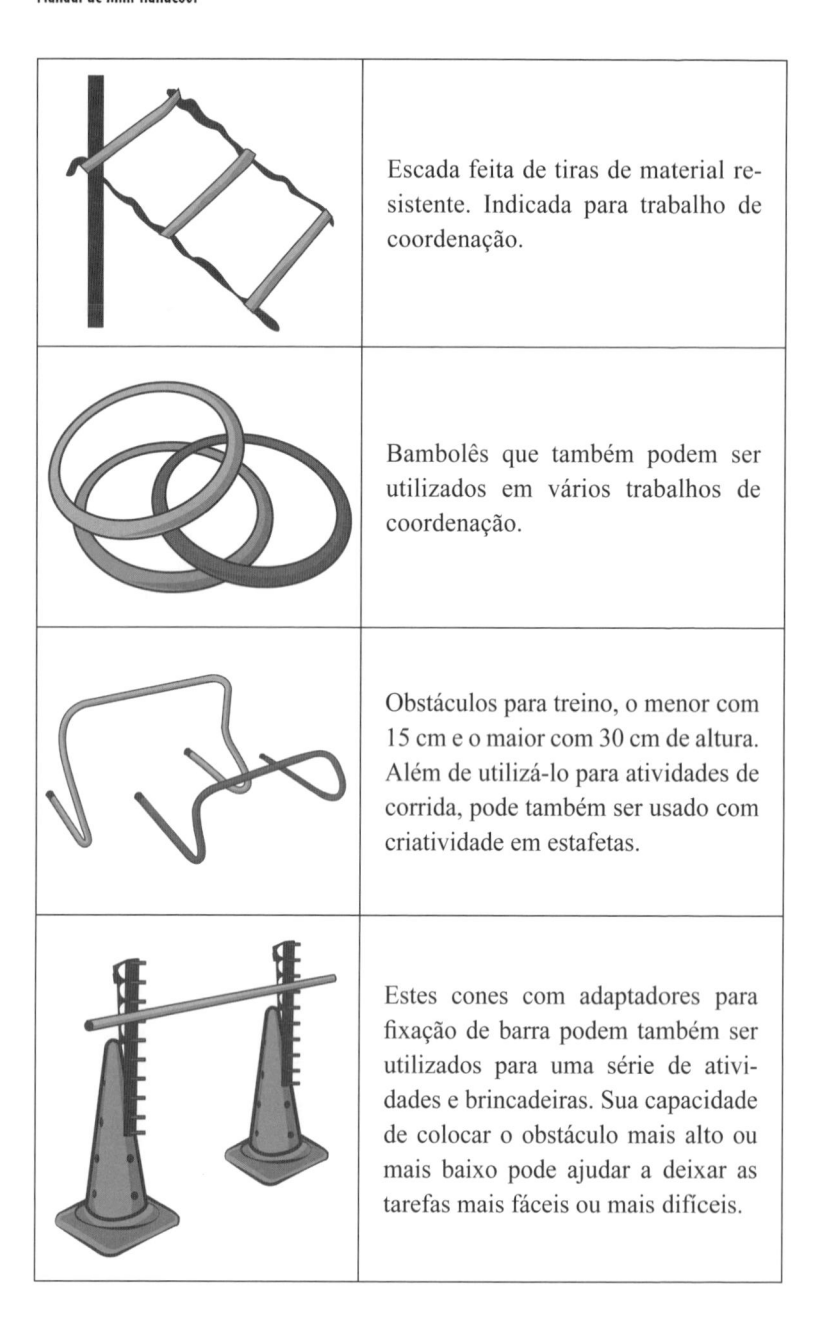

	Escada feita de tiras de material resistente. Indicada para trabalho de coordenação.
	Bambolês que também podem ser utilizados em vários trabalhos de coordenação.
	Obstáculos para treino, o menor com 15 cm e o maior com 30 cm de altura. Além de utilizá-lo para atividades de corrida, pode também ser usado com criatividade em estafetas.
	Estes cones com adaptadores para fixação de barra podem também ser utilizados para uma série de atividades e brincadeiras. Sua capacidade de colocar o obstáculo mais alto ou mais baixo pode ajudar a deixar as tarefas mais fáceis ou mais difíceis.

	Os colchonetes feitos de borracha ou espuma, com material antiderrapante embaixo e com marcadores na parte superior, estimulam a criança a brincar, por exemplo, de salto em distância.
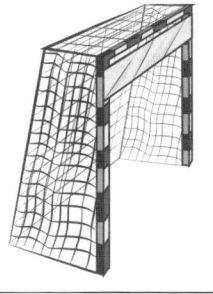	Faixa superior com amarras laterais para cobrir o gol oficial de handebol e torná-lo adequado para a prática do mini-handebol. Com sua utilização a baliza fica com 1,60 m de altura.
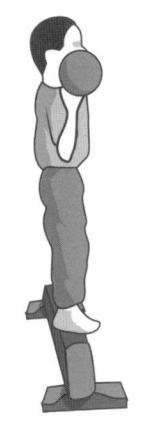	O banco sueco é um material que pode ser muito explorado, tanto a parte larga quanto a estreita. Para trabalhos de locomoção, utiliza-se a parte larga; para trabalhos com equilíbrio, a parte estreita, podendo acrescentar, ainda, passes e dribles, ou seja, a combinação de trabalhos de manipulação com as atividades descritas anteriormente.

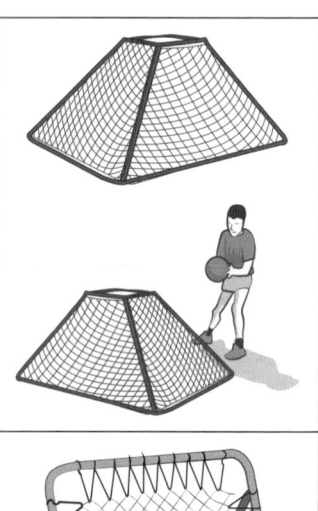

Este material tem uma estrutura de ferro e um tipo de tela elástica na qual os alunos fazem passes. O fato de esta tela ser elástica provoca o retorno da bola, o que exige do aluno o aprimoramento da recepção da bola.

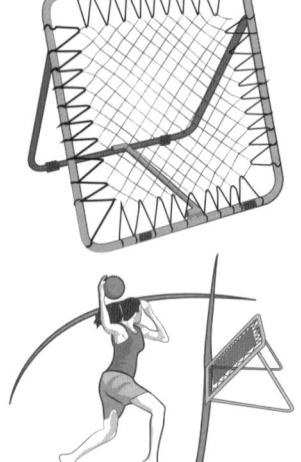

Este material, usado normalmente em um jogo chamado *tchoukball*, é uma versão mais simples do equipamento anterior e pode ser utilizado como alvo para o jogo, substituindo a baliza e o goleiro.

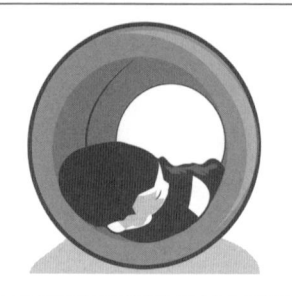

Material semelhante a um pneu, em que a criança rola e desenvolve o equilíbrio, ou seja, combina a locomoção e a estabilização.

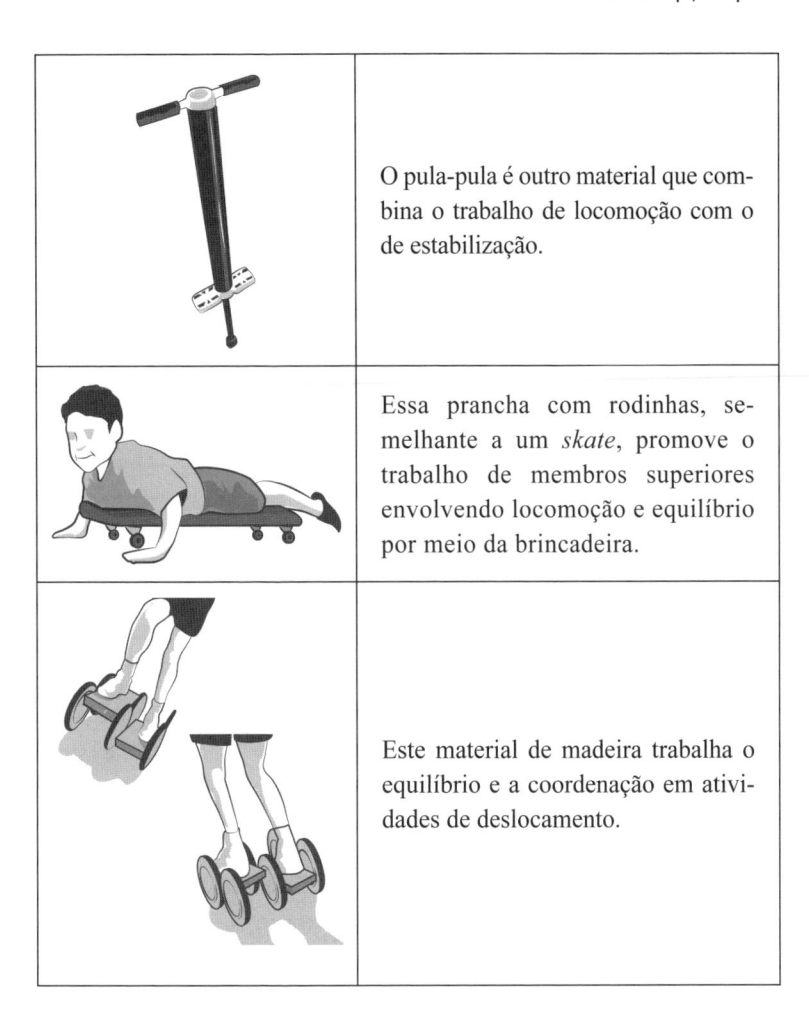

O pula-pula é outro material que combina o trabalho de locomoção com o de estabilização.

Essa prancha com rodinhas, semelhante a um *skate*, promove o trabalho de membros superiores envolvendo locomoção e equilíbrio por meio da brincadeira.

Este material de madeira trabalha o equilíbrio e a coordenação em atividades de deslocamento.

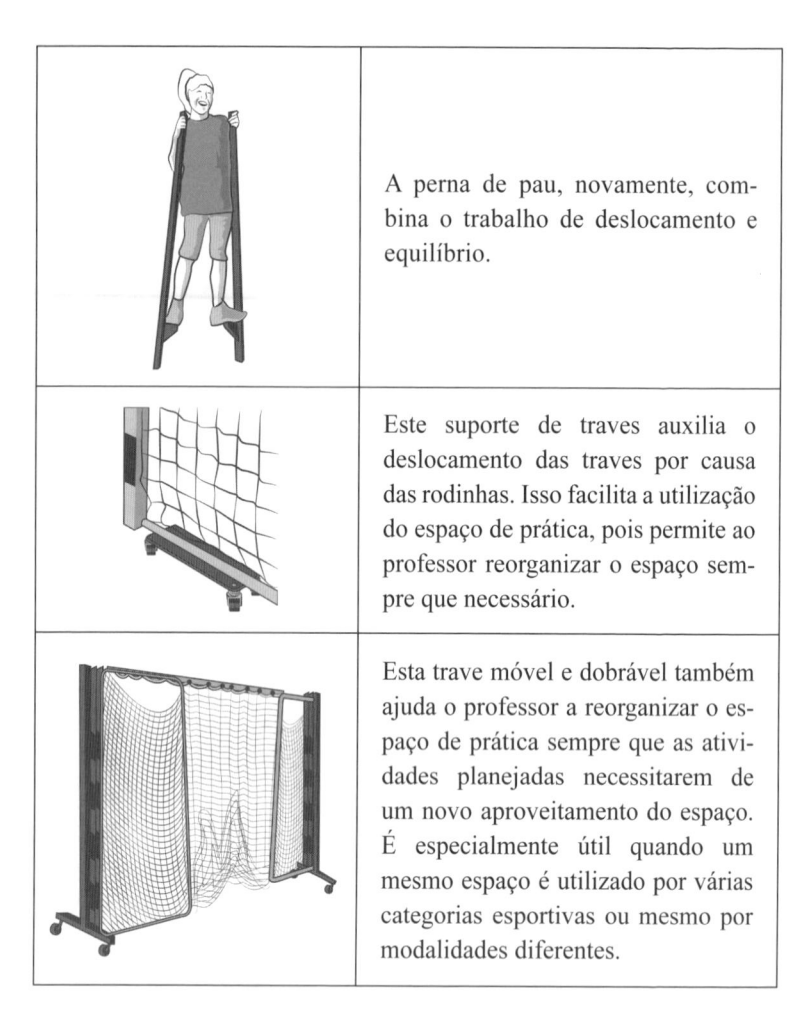

	A perna de pau, novamente, combina o trabalho de deslocamento e equilíbrio.
	Este suporte de traves auxilia o deslocamento das traves por causa das rodinhas. Isso facilita a utilização do espaço de prática, pois permite ao professor reorganizar o espaço sempre que necessário.
	Esta trave móvel e dobrável também ajuda o professor a reorganizar o espaço de prática sempre que as atividades planejadas necessitarem de um novo aproveitamento do espaço. É especialmente útil quando um mesmo espaço é utilizado por várias categorias esportivas ou mesmo por modalidades diferentes.

Esses materiais atendem a dois princípios básicos de qualquer trabalho de iniciação esportiva: respeitam o desejo da criança de brincar e se divertir nas atividades e promovem uma ampla gama de experiências motoras que, durante o crescimento e desenvolvimento da criança, serão extremamente úteis.

Quando as circunstâncias não permitem a aquisição desses materiais, vale o esforço e a criatividade do professor para construir e/ou adaptar materiais que atendam aos mesmos objetivos que os materiais industrializados. Desse modo, tanto as necessidades dos alunos quanto a qualidade das sessões de prática serão atendidas.

As experiências de combinação entre locomoção, estabilização e manipulação devem acontecer na faixa etária do mini-handebol. No entanto, é preciso observar que, com esses materiais, tudo que for proposto ao aluno ocorrerá por meio da brincadeira e não do treinamento.

A ampliação do acervo motor do aluno depende muito mais da criatividade e do planejamento do professor do que de materiais e espaços ideais.

Brincando antes de jogar

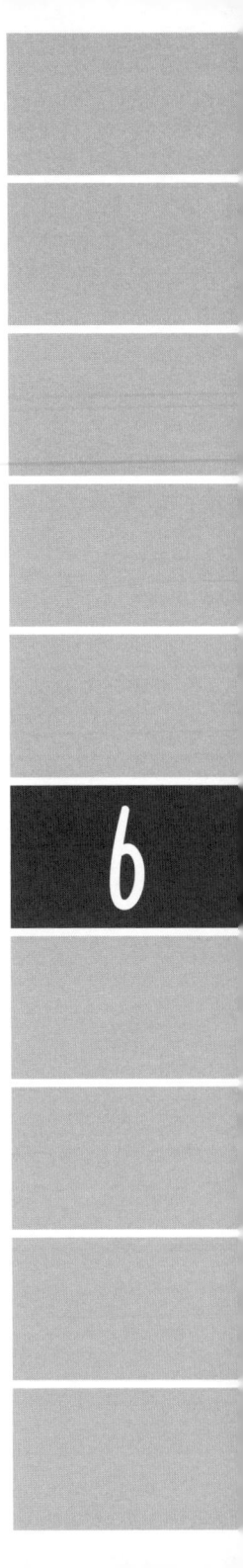

6

Os jogos com características esportivas, às vezes, podem apresentar uma certa dificuldade para as crianças que estão iniciando, especialmente para as mais novas. O ideal é começar a prática esportiva com brincadeiras e jogos que as crianças já dominam. Elas não devem ter um caráter competitivo, porém é importante que apresentem o desafio de realizar as atividades. Deve-se propor uma metodologia ativa em que a criança possa participar da construção das formas de brincar, da mais simples até o jogo propriamente dito. Este processo faz que a criança não só compreenda a atividade como também se acostume a enfrentar situações-problema buscando, por meio de sua criatividade, as soluções mais adequadas.

Esse enfoque na aprendizagem significativa favorecerá o desenvolvimento de um jogador com maior capacidade perceptiva e decisória e, consequentemente, o desenvolvimento de um jogador tático e estrategista.

Com base em atividades bem conhecidas dos professores e dos alunos, é possível fazer adaptações com o intuito de aproveitar esse repertório comum para a aprendizagem dos elementos específicos do handebol.

Uma análise detalhada da atividade ou brincadeira deve ser feita, comparando-a com as características do handebol propriamente dito.

Como exemplo, pode-se citar a brincadeira conhecida como *mãe da rua* ou *caminhão*. Nela, os jogadores se posicionam nas linhas laterais da quadra ou em um espaço qualquer com duas linhas paralelas. O pegador fica entre as linhas e é chamado de *mãe* ou *pai da rua* ou ainda *caminhão*. Os fugitivos devem tentar atravessar a rua sem serem tocados pela *mãe*. Quem for tocado está pego e será mais um pegador.

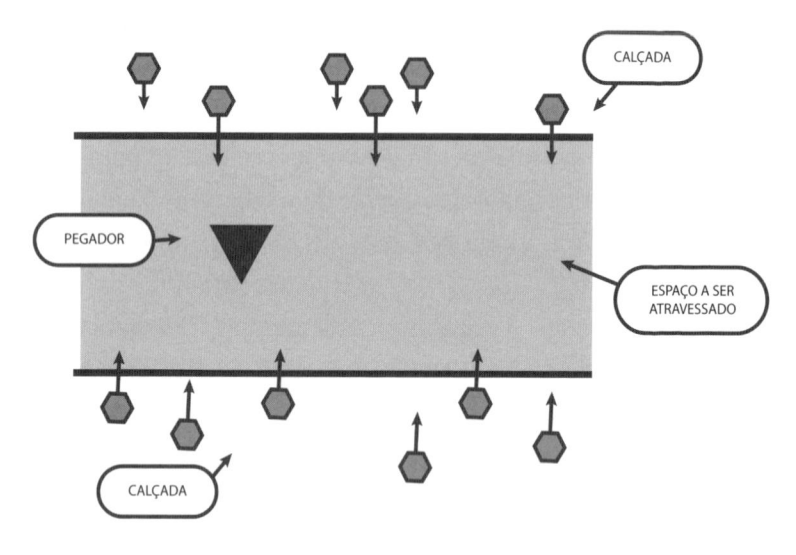

FIGURA 6.1 – BRINCADEIRA *MÃE DA RUA*.

Após a observação do objetivo e da sua disposição espacial é possível notar que essa brincadeira tem alguns fatores que se assemelham à situação de jogo posicional de ataque e defesa em handebol.

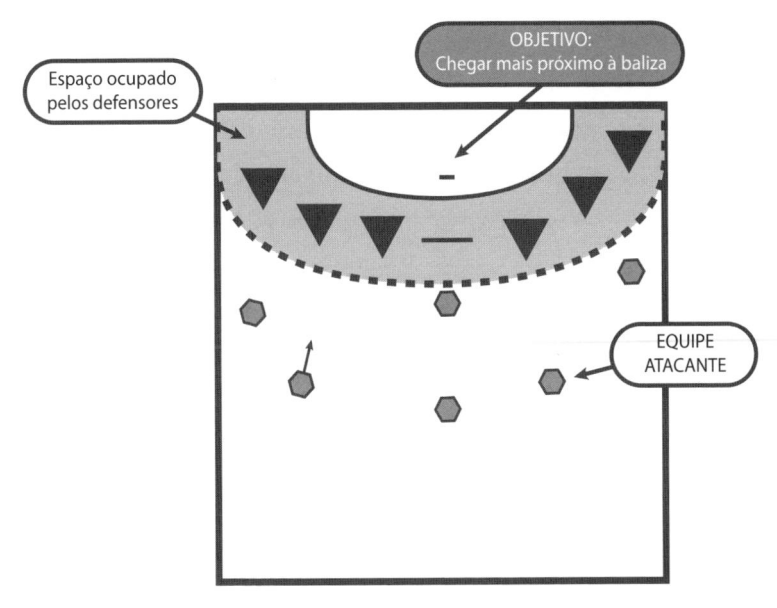

Figura 6.2 – Situação de ataque posicional em handebol.

Nestas representações gráficas é possível notar as semelhanças entre os objetivos e a distribuição espacial dos envolvidos nas atividades. Em um caso trata-se apenas de uma brincadeira e, no outro, de um sistema ofensivo. A criança que tem experiências brincando de *mãe da rua* terá mais elementos para compreender a situação do jogo formal, sobretudo se a brincadeira utilizar variações que se aproximem ainda mais da estrutura de um jogo de handebol.

Desta forma, é possível encontrar, no repertório das brincadeiras infantis, formas de trabalhar o handebol sem que as aulas se pareçam com treinos. No entanto, isso só acontecerá se o professor for muito hábil em planejar e implementar suas aulas.

Atividades básicas

A seguir, foram descritas algumas brincadeiras e suas variações que demonstram como promover a aprendizagem ampla e variada dos elementos do mini-handebol.

Mãe da rua

Os jogadores se posicionam nas linhas laterais da quadra ou em um espaço qualquer com duas linhas paralelas. O pegador fica entre as linhas e é chamado de mãe ou pai da rua. Os jogadores devem tentar atravessar a rua sem serem tocados pela mãe da rua. Quem for tocado está pego e será mais uma mãe da rua.

Objetivo: Adaptação à bola.
Modificação: Os fugitivos devem carregar a bola, segurando-a em uma mão. A *mãe da rua* deve tentar bater na bola e fazê-la cair da mão do fugitivo. Se ela cair, o jogador está pego.

Objetivo: Drible.
Modificação: O fugitivo deve atravessar a rua driblando e a *mãe da rua* deve tentar fazê-lo perder o controle da bola. Se ele perder, está pego.

Objetivo: Passe e recepção.
Modificação: Os jogadores devem atravessar a rua em duplas, passando bola e sem serem tocados pelo pegador.

Objetivo: Interceptação da bola.

Modificação: Os jogadores devem atravessar a rua passando bola e a *mãe da rua* deve interceptar a bola como forma de pegá-los.

Objetivo: Deslocamento defensivo.

Modificação: Os jogadores devem atravessar a rua fazendo deslocamento defensivo.

Vivo ou morto

Os alunos se deslocam pelo espaço e ao sinal de:
- um apito: ficam em pé (vivo);
- dois apitos: ficam abaixados (morto).

Objetivo: Adaptação à bola.

Modificação: O aluno deverá estar segurando uma bola.

Objetivo: Passe e recepção.

Modificação: ao sinal de *vivo*, o aluno deverá fazer o passe para outro colega.

Objetivo: Drible.

Modificação: Quando o sinal for *morto*, o aluno deverá bater a bola no chão.

Objetivo: Deslocamento de defesa.

Modificação: O aluno deve movimentar-se pela quadra, fazendo o deslocamento de defesa específico do handebol.

Pega-pega

Os alunos correm livremente pela quadra e um pegador deve tocá-los. Quem for tocado está pego e deve ficar no local, com as pernas afastadas, até que um colega passe por baixo e o livre, para que ele possa voltar ao jogo.

Objetivo: Adaptação à bola.
Modificação: Todos estarão segurando uma bola. O pegador deve bater na bola que está nas mãos dos colegas e, se a bola cair, este jogador estará pego.

Objetivo: Drible.
Modificação: Todos os jogadores estarão batendo bola.

Objetivo: Passe e recepção.
Modificação: Os alunos fugitivos estarão em duplas, fazendo passes.

Objetivo: Interceptação da bola.
Modificação: Os alunos fugitivos estarão fazendo passes, e o pegador deverá interceptar a bola de uma dupla como forma de pegá-los.

Pega-pega corrente

Ocupando todo o espaço da quadra, os alunos deverão se deslocar por ela e, ao ouvir o sinal, o *pegador* tentará tocar os demais. O aluno que for pego dará a mão ao pegador e, juntos, tentarão tocar os outros alunos até que todos deem as mãos e formem a corrente. A corrente não deve ser quebrada.

Objetivo: Adaptação à bola.

Modificação: Todos os alunos devem estar segurando uma bola e o pegador deverá tocar os outros com a bola que está na sua mão. Ao formar a corrente, os alunos devem colocar a bola entre si, da seguinte maneira: jogador-bola-jogador-bola-jogador.

Objetivo: Drible.

Modificação: Os jogadores fugitivos devem driblar enquanto tentam fugir.

Objetivo: Passe e recepção.

Modificação: Os alunos fugitivos devem passar a bola entre si. Quando o pegador for tocar em um jogador, os fugitivos deverão passar a bola para ele que, deste modo, estará livre de ser pego.

Pega-rabo

Os jogadores correm livremente pela quadra com um pedaço de papel ou tecido na forma de tira, presa na parte de trás da calça. Todos devem tentar roubar o *rabinho* do outro e proteger o seu.

Objetivo: Deslocamento defensivo.

Esta atividade em si é extremamente proveitosa para ensinar a posição básica defensiva e o deslocamento defensivo.

Pular corda

Duas pessoas batendo corda e os outros alunos pulando.

Objetivo: Adaptação à bola.
Modificação: Pular corda passando a bola de uma mão para a outra, sem deixá-la cair.

Objetivo: Drible.
Modificação: Pular corda tentando quicar a bola.

Objetivo: Passe e recepção.
Modificação: Pular corda fazendo passes com alguém que não está pulando corda.

Objetivo: Deslocamento defensivo.
Modificação: Entrar na corda fazendo deslocamento defensivo.

Amarelinha

A amarelinha é uma atividade que pode ser amplamente utilizada variando suas configurações (Figuras 6.3, 6.4 e 6.5).

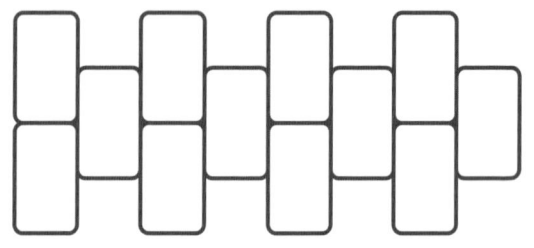

Figura 6.3 – Amarelinha: configuração tradicional.

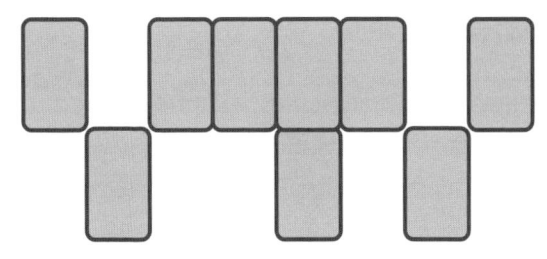

Figura 6.4 – Amarelinha: configuração modificada (a).

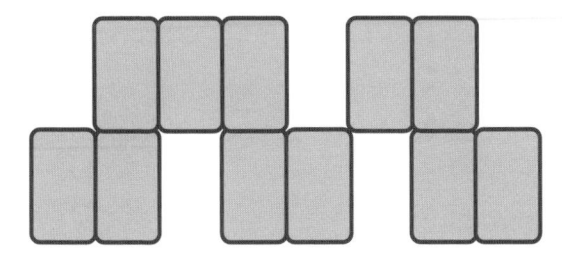

Figura 6.5 – Amarelinha: configuração modificada (b).

Objetivo: Adaptação à bola.

Modificação: Pular amarelinha, passando a bola de uma mão para a outra, ou segurando bem firme a bola virada para baixo.

Objetivo: Drible.

Modificação: Pular amarelinha e driblar ao mesmo tempo.

Objetivo: Passe e recepção.

Modificação: Com um parceiro fixo à frente, pular amarelinha fazendo passes.

Corridas de revezamento

As corridas de revezamento podem ser muito proveitosas para colocar em prática os elementos do jogo. A sugestão é para que não se deixe os alunos por muito tempo na fila e que eles pratiquem o máximo possível. Outra sugestão é que as corridas de revezamento tenham elementos do jogo e que tais solicitações sejam feitas gradualmente, como nos exemplos que seguem.

Primeira solicitação: Correr até um determinado ponto e voltar.

Segunda solicitação: Correr até um determinado ponto e voltar fazendo deslocamento de defesa.

Terceira solicitação: Correr, segurando uma bola, até um determinado ponto e voltar fazendo deslocamento de defesa.

Quarta solicitação: Correr até um determinado ponto segurando a bola até a metade do percurso, bater bola na segunda metade do percurso e voltar fazendo deslocamento de defesa.

Considerando-se que o professor já consegue transformar as atividades de acordo com sua necessidade e criatividade, compreendendo o mecanismo de adaptação das atividades ao seu objetivo específico, oferecemos algumas sugestões para que o professor possa começar seu arquivo pessoal de tarefas:

QUADRO 6.1 – ADAPTAÇÃO À BOLA

Habilidade que se deseja desenvolver	ADAPTAÇÃO À BOLA
Descrição da atividade	Dois grupos, cada um dentro de uma área dos goleiros, e várias bolas espalhadas dentro das áreas. Ao sinal, os alunos devem adaptar a bola com apenas uma mão e levá-la à área adversária, tentando deixar na sua área o mínimo de bolas. Ao final do tempo determinado pelo professor, conta-se o número de bolas em cada área. Ganha a equipe que tiver o menor número de bolas.
Correções e informações essenciais	Segurar a bola com firmeza.
Variações	Usar a mão não dominante.

QUADRO 6.2 – DRIBLE (A)

Habilidade que se deseja desenvolver	DRIBLE
Descrição da atividade	*Batatinha frita, um, dois, três*. Todos os alunos com uma bola, posicionados na linha de fundo da quadra, e o professor na outra linha de fundo, de costas para eles. O professor diz: *batatinha frita, um, dois, três*, e os alunos correm em direção ao professor, batendo a bola enquanto ele fala. Ao parar de falar, os alunos param de correr, porém continuam driblando. Essa situação se repete até que um aluno alcance a linha de fundo em que o professor está. Este aluno será o vencedor.

continua

continuação

Correções e informações essenciais	A bola deve chegar à altura da cintura do aluno.
Variações	Usar a mão não dominante.

QUADRO 6.3 – DRIBLE (B)

Habilidade que se deseja desenvolver	DRIBLE
Descrição da atividade	Dois grupos sentados em linha, um de costas para o outro, próximos à linha central da quadra. Quando o professor disser *lua*, a Equipe 1 perseguirá a Equipe 2, que correrá para a zona neutra, ou seja, a sua área do goleiro. Ao fugir, os alunos devem bater bola. Quando o professor disser *sol* a situação se inverte.
Correções e informações essenciais	A mão deve tocar a parte superior da bola para driblar.
Variações	Utilizar outros tipos de bolas.

QUADRO 6.4 – PASSES

Habilidade que se deseja desenvolver	PASSES
Descrição da atividade	Algumas crianças sentadas em círculo e outras em pé no meio desse círculo. As crianças passam a bola umas para as outras com o objetivo de acertar os pés dos que estão no centro. Quem está no centro deve evitar ser tocado, saltando ou desviando da bola. Caso a bola alcance o pé de alguma criança, esta deverá sair e sentar-se no círculo.

continua

continuação

Correções e informações essenciais	O passe deve ser feito apenas com uma das mãos.
Variações	Usar a mão não dominante.

QUADRO 6.5 – PASSE E RECEPÇÃO

Habilidade que se deseja desenvolver	PASSE E RECEPÇÃO
Descrição da atividade	As crianças se dividem em Equipes A e B. A Equipe A faz um círculo e fica dentro de uma região demarcada por quatro cones. Ao sinal, a primeira criança da Equipe B corre em volta dos cones, enquanto a Equipe A faz passes na sequência do círculo. As crianças fora da região dos cones se revezam até que todos tenham corrido. Conta-se o número de passes feitos enquanto a Equipe B corre. Depois, as posições se invertem e ganha a equipe que conseguir o maior número de passes.
Correções e informações essenciais	Ao fazer a recepção, os alunos devem estender os braços em direção à bola.
Variações	O passe pode ser picado.

QUADRO 6.6 – ARREMESSO

Habilidade que se deseja desenvolver	ARREMESSO
Descrição da atividade	Vários grupos, cada um com um alvo. Ao sinal do professor, os alunos arremessam a bola no alvo, posicionado a 5 m de distância. Ao final do tempo estipulado pelo professor, verifica-se a equipe que mais acertou o alvo.

continua

continuação

Correções e informações essenciais	Cotovelo acima da altura do ombro.
Variações	Arremessar saltando.

QUADRO 6.7 – DESLOCAMENTO DEFENSIVO (A)

Habilidade que se deseja desenvolver	DESLOCAMENTO DEFENSIVO
Descrição da atividade	*Gato e rato*. Os alunos fazem um círculo. Um deles ficará dentro (rato) e outro ficará fora (gato). O gato tenta pegar o rato e os alunos em círculo devem tentar impedir a passagem do gato fazendo deslocamento defensivo. Quando o rato for pego, ele entra no círculo, o gato vira rato e alguém do círculo passa a ser o gato.
Correções e informações essenciais	Deslocamento lateral.
Variações	Diminuir ou aumentar o tamanho do círculo.

QUADRO 6.8 – DESLOCAMENTO DEFENSIVO (B)

Habilidade que se deseja desenvolver	DESLOCAMENTO DEFENSIVO
Descrição da atividade	Duas equipes ocuparão cada uma das metades da quadra. A Equipe A é atacante e deve tentar alcançar a área do goleiro atravessando a quadra da Equipe B que, por sua vez, é defensora. Caso o aluno da Equipe A seja tocado, ele passará para a Equipe B e terá que defendê-la. Depois, as equipes trocarão de posição. Ganha a equipe que tiver maior número de jogadores chegando à área.

continua

continuação

Correções e informações essenciais	Ocupação máxima do espaço.
Variações	O defensor tem que tocar as duas mãos no atacante na altura dos ombros e de frente. Assim, aprenderá a manter o tronco alinhado.

QUADRO 6.9 – INTERCEPTAÇÃO DA BOLA

Habilidade que se deseja desenvolver	INTERCEPTAÇÃO DA BOLA
Descrição da atividade	Em trios e deslocando-se livremente pela quadra, dois jogadores fazem passes e o terceiro tenta interceptar a bola. Quando o terceiro jogador *roubar* a bola, o outro ficará no seu lugar.
Correções e informações essenciais	Agir de maneira a surpreender o adversário.
Variações	A trajetória da bola poderá ser alta, média, baixa ou rolada.

QUADRO 6.10 – DEFESA INDIVIDUAL

Habilidade que se deseja desenvolver	DEFESA INDIVIDUAL
Descrição da atividade	Em duplas, um de frente para o outro. O professor lança a bola entre os dois alunos. Quem conseguir a posse da bola é o atacante e o outro será o defensor.
Correções e informações essenciais	O defensor deve se posicionar entre o atacante e a baliza.
Variações	Dois contra dois.

Essas atividades são exemplos de jogos e brincadeiras que tanto desenvolvem a coordenação geral como também podem desenvolver os gestos técnicos específicos da modalidade.

Os exercícios educativos são uma forma de aliar estas duas necessidades.

A princípio, pode-se solicitar ao aluno a exploração de:
- *Todas as formas* de segurar a bola;
- *Todas as formas* de driblar;
- *Todas as formas* de passar e receber a bola;
- *Todas as formas* de arremessar;
- *Todas as formas* de deslocamento;
- *Todas as formas* de interceptar a bola.

Depois desta etapa, solicita-se a combinação de movimentos, como:
- Deslocar e segurar a bola;
- Deslocar e driblar;
- Deslocar e arremessar;
- Deslocar e interceptar a bola;
- Deslocar e passar a bola;
- Deslocar e receber a bola.

Deve-se sempre lembrar que o objetivo do trabalho nessa faixa etária deve ser o de aumentar o acervo motor do aluno. Cumprindo essas etapas, o aluno terá muito mais recursos para responder às situações-problema no futuro.

**Não se pode retirar a característica lúdica do jogo.
A prática do mini-handebol deve proporcionar
prazer, alegria, espontaneidade e diversão. A criança
deve sentir vontade de recomeçar sempre.**

Hábitos, comportamentos e atitudes

7

O valor educativo da prática esportiva

Um dos objetivos fundamentais da iniciação esportiva em qualquer modalidade é a formação esportiva da criança em um sentido amplo que, indiscutivelmente, inclui o aspecto educativo. As experiências em grupo e o adulto como referência certamente têm impacto no comportamento da criança e contribuem para a construção de mecanismos sociais, educativos e culturais.

Um dos aspectos mais difíceis a serem trabalhados com grupos de iniciação é que o aluno ainda não tem ideia do que realmente é uma sessão de prática desportiva. Em muitos planejamentos o enfoque é dado aos aspectos físicos ou motores, e a formação de um comportamento adequado frequentemente é relegado a segundo plano. Contudo, é fundamental que a postura de um aluno, atleta e fã do esporte seja formada desde o início para que ele não adquira maus hábitos. É sempre mais difícil corrigir do que ensinar.

Este conjunto de hábitos, comportamentos e atitudes são importantes para qualquer indivíduo, seja na sua formação como cidadão, praticante de esporte ou atleta de alto nível. Além disso, quando o aluno aprende os comportamentos adequados referentes à prática esportiva, torna a atividade do professor mais fácil e acaba contribuindo com evolução do trabalho de todo o grupo, pois o professor conseguirá realizar com maior facilidade aquilo a que se propôs. Às vezes, pequenos detalhes em cada um dos alunos podem determinar a característica do grupo.

É frequente que as crianças, os pais e as pessoas envolvidas em um grupo de treinamento tenham como única referência de esporte o que a mídia veicula. Muitos indivíduos na sociedade não passaram por um processo ou experiência esportiva regular e estruturada.

O professor deve estar consciente da sua responsabilidade na formação da criança como indivíduo esportivamente educado e, por isso, deve aproveitar todas as experiências da prática esportiva para estimulá-la em diferentes aprendizagens.

Figura 7.1 – Valorização do trabalho em equipe.

A seguir, há uma série de procedimentos que devem ser pensados para que o aluno adote uma postura proveitosa para si e para o grupo, nos treinamentos ou na sua vida social.

Hábitos, comportamentos e atitudes:

- Incentive seu aluno a participar de todas as atividades.
- Explique que é muito importante descobrir quais as dificuldades e se esforçar para corrigi-las.
- Evidencie a importância de ser pontual.
- Demonstre o quanto é importante estar atento às atividades.
- Estimule os alunos a enfrentar seus medos e ansiedades.
- Não permita que os alunos usem roupas ou equipamentos inadequados.
- Não deixe que o aluno faça a aula com qualquer objeto no bolso ou brinquedos que possam machucá-lo ou distraí-lo.
- O calçado deve ser adequado à prática.
- Os cabelos compridos devem estar presos para que o aluno possa ver claramente tudo o que está acontecendo.
- Ofereça aos alunos a oportunidade de assistir aos jogos dos mais velhos.
- Proporcione a eles a possibilidade de assistir aos treinos dos mais velhos.
- Quando os alunos estiverem assistindo aos outros jogos, evidencie aquilo que eles já sabem.
- Quando os alunos estiverem assistindo aos outros jogos, evidencie a atuação da arbitragem e a aplicação das regras.
- Possibilite a interação dos mais novos com os jogadores mais velhos.
- Estimule a cooperação entre todos os participantes da equipe.

- Favoreça o aparecimento de novas sugestões e demonstre a importância de estar receptivo a elas.
- Desenvolva o senso crítico e a autoavaliação do aluno, perguntando o que ele acha que fez bem e o que ele acha que precisa melhorar.
- Demonstre que muitas vezes os detalhes fazem a diferença.
- Faça os alunos se sentirem responsáveis pelo ambiente em que eles praticam a modalidade.
- Ensine os alunos a respeitarem o espaço da quadra. Quando alguém estiver utilizando-o, deve-se esperar que a quadra seja liberada ou pedir permissão para usá-la.
- Faça que os alunos cuidem bem de todo material.
- Estimule o aluno a terminar tudo o que começou.
- Desenvolva neles a capacidade de ouvir e de expressar suas ideias.
- Ensine seus alunos a determinar metas pessoais.
- Demonstre, nas situações cotidianas, como uma liderança positiva atua.
- Explique a importância de ter uma alimentação adequada.
- Incentive seus alunos a beber água e a manter uma hidratação equilibrada.
- Explique a importância de usar roupas apropriadas para a aula, seja em relação ao conforto, seja em relação à temperatura do ambiente.
- Estimule hábitos de higiene e saúde.
- Explique, no decorrer da prática, a relação entre o excesso de peso e prejuízos à saúde.
- Estimule o companheirismo e a amizade entre eles.

- Ensine os alunos a serem persistentes diante de uma situação adversa.
- Celebre com a turma as conquistas e as vitórias, sejam elas pequenas ou grandes.
- Valorize a garra e a determinação como fatores fundamentais para o sucesso.
- Ensine seus alunos a trabalhar para conseguir suas metas.
- Procure controlar a ansiedade dos alunos diante de situações inesperadas.
- Valorize a humildade. Não há ninguém que saiba tanto que não possa aprender algo, nem alguém tão simplório que não tenha nada a ensinar.
- Procure desenvolver a concentração dos seus alunos.
- Não permita que superstições atrapalhem o andamento do seu trabalho. Muitos atletas adquirem uma série de manias muito cedo.
- Ensine seus alunos a analisar a equipe adversária.
- Demonstre aos alunos a importância de variar de posição em quadra e de experimentar novas situações.
- Ensine seus alunos a cuidar dos machucados e das lesões da maneira mais correta possível.
- Ensine seus alunos a obedecer orientações médicas.
- Acostume seus alunos a aceitar o erro apenas como algo que deve ser corrigido e não como um fato imutável.
- Não deixe que seus alunos se acostumem a expressar suas frustrações culpando os outros por seus próprios erros.
- Ensine seu aluno a avaliar seu desempenho estabelecendo uma comparação entre o que ele sabia fazer e

o quanto ele progrediu no decorrer do trabalho. Não permita que a comparação entre os alunos se torne um hábito do grupo.

- Incentive o elogio entre os atletas.
- Não deixe que as análises críticas dos alunos se tornem apenas negativas, favoreça o otimismo entre eles.
- Não se esqueça de que o mais importante nesta fase é a amizade que cada um do grupo vai estabelecer com os colegas.

FIGURA 7.2 – VALORIZAÇÃO DAS EXPERIÊNCIAS EM GRUPO E A DIVERSÃO.

Muitas destas dicas podem parecer úteis apenas para equipes competitivas, porém, não é verdade. A criação de um conjunto de valores positivos auxiliará o aluno em qualquer situação que o trabalho em grupo for essencial ao longo da vida.

As crianças, por natureza, não chegam à iniciação esportiva prontas para seguir as normas de convívio social, ao contrário, é natural que o egocentrismo e a indisciplina estejam presentes. É importante enfatizar para a criança que, em um grupo, cada indivíduo possui características distintas, e que em alguns momentos elas terão sentimentos mais profundos de amizade por alguns alunos e se distanciarão de outros, mas é importante o respeito e a interação de todos. Neste sentido, é função do professor fazer a transição entre o comportamento existente e o comportamento de civilidade desejado.

Infelizmente, muitas vezes observamos indivíduos abandonando a prática esportiva por não conseguirem estabelecer um vínculo proveitoso com o grupo. Por essa razão, tais hábitos, comportamentos e atitudes devem ser adquiridos na infância. Quanto maior a idade do aluno, mais difícil será promover a aquisição desses hábitos.

A aprendizagem efetiva do aluno será verificada quando sua conduta, seja no âmbito motor, cognitivo ou afetivo, for autônoma, ou seja, certamente no início do processo de aprendizagem o professor será aquele que ensina e incentiva uma concepção construtiva de prática esportiva, porém a verdadeira aprendizagem somente poderá ser verificada quando o aluno apresentar tais comportamentos sem que lhe seja solicitado. É fundamental que o aluno seja educado para a autonomia, o que requer do professor:

- A percepção e o reconhecimento do que a criança espera e necessita, considerando-se o aspecto social e afetivo.
- A diminuição de comportamentos de controle por parte do professor e o aumento de situações com indagações sobre a relação entre as ações e suas consequências. Por exemplo: "o que vocês acham que vai acontecer se deixarmos as bolas espalhadas pela quadra após o treino?".
- Estímulo ao raciocínio, para que cada aluno tente compreender de forma pessoal cada situação.

- Oferta de escolhas sempre que possível, assim como o incentivo para que os alunos experimentem todas as alternativas para a solução de um determinado problema até que encontrem a melhor saída.

Além disso, ao longo da vida esportiva do indivíduo é importante que ele desenvolva competências psicológicas que o ajudem a desenvolver a concentração, a motivação, o sentido de competência e o de superação. Tais competências o ajudarão a solucionar situações problemáticas que podem surgir dentro da quadra, como problemas internos de relacionamento entre os integrantes da equipe, ou externos, como dificuldades no âmbito escolar, familiar, entre outros.

Competição e cooperação

No contexto competitivo, a criança aprenderá a responder a situações de oposição e colaboração, de vitórias e derrotas. Todas essas experiências podem ser extremamente enriquecedoras na formação do indivíduo, porém, dependem da maneira como os adultos que são exemplos para essa criança vão reagir a essas situações.

O primeiro aspecto crucial a ser considerado é que existem adversários e não inimigos. Deve-se ressaltar que não há equipe sem que existam companheiros e não há jogo sem a equipe adversária.

Outro aspecto de igual importância a ser considerado pelos professores é o enfoque dado à competição em si. Por natureza, ela não é boa nem má, e depende muito do que as pessoas fazem com essa experiência e do tipo de informação que é enfatizada para a criança.

É preciso lembrar que em um jogo é possível ganhar e, mesmo assim, notar que se jogou mal, assim como também é possível perder e observar que houve melhora na qualidade do jogo. Nesta lógica, o que vale não é o resultado absoluto em que a vitória é o que importa.

O que se deve ressaltar é se o aluno fez o melhor que pôde e se foi possível notar o progresso no trabalho, comparando-o com a sua condição inicial ou passada, e não com outros jogadores ou equipes.

A introdução de situações de competição na vida esportiva do aluno deve ser feita de maneira gradual. Uma alternativa a ser considerada é a de situações de competições progressivas, que podem ser realizadas da seguinte forma:

- Torneio na própria turma em uma única aula;
- Torneio na própria turma com duração de algumas aulas;
- Torneio entre turmas da própria instituição;
- Eventos amistosos com turmas de outras instituições;
- Participação em festivais de curta duração nos quais concorrem várias instituições.

Nessa sequência de competição, o professor pode observar o comportamento dos alunos, dialogar sobre tais situações e introduzir conceitos importantes para que o aluno tenha uma postura construtiva em relação à competição.

As experiências competitivas devem resultar nos seguintes comportamentos:

- Respeito aos companheiros de equipe, adversários, árbitros e torcida;

- Entendimento das situações de vitória e derrota como partes importantes do processo de aprendizagem;
- Compreensão da adaptação das regras como forma de incentivo à participação de todos;
- Estabelecimento da relação entre as atividades desenvolvidas nas aulas e as situações de jogo durante a competição.

Para que o aluno efetivamente acredite nesta filosofia, a ação do professor é fundamental e, neste sentido, vale a pena analisar o que o professor pensa, propõe e como age.

Se um professor acredita que os melhores treinadores são aqueles que ensinam aos praticantes o que é necessário para ganhar, que os melhores treinadores são os que acumulam o maior número de vitórias e que sentem que seu trabalho foi realizado quando se chega a um título, realmente haverá inconsistência entre as ações do treinador e a filosofia do mini-handebol. Esse modelo talvez sirva para técnicos de categorias mais avançadas e equipes federadas, não para a iniciação esportiva.

Para o professor ter um comportamento coerente com a proposta do mini-handebol é preciso que ele consiga concentrar-se no apoio dado às crianças e ao seu desenvolvimento, além da manutenção da ludicidade nas atividades, inclusive durante as competições. Nem sempre isso é fácil, especialmente no início do trabalho, quando dirigentes, pais e outros envolvidos na vida da criança e no projeto de iniciação esportiva podem não entender claramente a proposta do trabalho. Este trabalho caracteriza-se como um processo de convencimento a longo prazo.

A relação com os pais

Um projeto de mini-handebol ou de iniciação esportiva deve sempre cuidar atentamente da relação com os pais. É comum que os pais incentivem seus filhos a praticar esporte, mas nem sempre existe a clareza de conceitos e objetivos para que esse incentivo aconteça. Alguns concebem a prática esportiva apenas como uma forma de manter as crianças ocupadas sob a responsabilidade de outros, já que muitas vezes eles mesmos não dispõem de tempo para estar com seus filhos.

Dessa forma, nem sempre a escolha da prática esportiva é feita de modo coerente. Às vezes, a modalidade ou o local de prática é escolhido em razão da comodidade de horários e deslocamentos familiares, e não por causa da vontade ou do talento da criança para uma determinada atividade. Esses fatores não devem ser ignorados pelo professor.

Um projeto de iniciação esportiva deve ter uma estrutura de planejamento e de implementação das atividades, mas para isso deve considerar as crianças que fazem parte do projeto, ou seja:

- Quais são as expectativas e motivações das crianças;
- Quais são as expectativas e motivações dos pais;
- Quem determina a distribuição de tempo das atividades diárias da criança;
- Como é feita a distribuição de tempo das atividades diárias da criança;
- Qual é a estrutura da instituição de prática esportiva e qual é seu propósito;
- Quem são os profissionais que trabalham diretamente com a criança e sua capacitação para implementar um programa de iniciação esportiva.

Nem sempre os próprios pais têm uma educação esportiva ou experiência esportiva que contribui para a formação do aluno. Alguns pais têm apenas a referência da mídia e do esporte de alto nível como parâmetro para orientar seus filhos sobre como deve ser a prática do esporte. O professor deve estar atento a esta situação e, na medida do possível, atuar de maneira preventiva em relação aos problemas que a interferência inadequada dos pais pode causar na evolução do trabalho.

Nesse processo, é importante que o professor tente estabelecer uma relação saudável com os pais, atuando da seguinte forma:

- Conhecer a estrutura familiar do aluno e identificar quem pode ser o elo de comunicação entre eles;
- Informar aos pais sobre o objetivo da prática esportiva nessa faixa etária e a filosofia de trabalho;
- Esclarecer aos pais qual é a expectativa em relação às crianças que participam das atividades;
- Explicar aos pais qual é a expectativa em relação à participação em competições;
- Evidenciar aos pais que tipo de apoio se espera da família em relação à prática esportiva de seus filhos;
- Apresentar as características do mini-handebol e contribuir para a educação esportiva dos pais.

Para que essa comunicação entre o projeto esportivo e as famílias aconteça efetivamente é necessária uma rotina de procedimentos para que se mantenha um diálogo aberto. Uma carta de apresentação do professor e um texto explicativo do projeto podem ser de grande ajuda, como exemplificado a seguir:

Senhores Pais,

Inicialmente, gostaria de me apresentar. Meu nome é Luís e sou professor do seu(sua) filho(a) no *Projeto de Iniciação Esportiva*, no qual é praticada a modalidade Mini-handebol. Creio ser importante que os Senhores tomem conhecimento de algumas informações a respeito das atividades que são desenvolvidas em nossa instituição.

- Nosso programa ocorrerá de 1º de fevereiro a 30 de junho e de 1º de agosto a 15 de dezembro, com três aulas semanais que ocorrerão às segundas, quartas e sextas-feiras, das 17 h às 18 h.

- Além dos treinamentos, estão previstas participações em festivais de Mini-handebol que normalmente acontecem aos finais de semana, conforme programação que será divulgada posteriormente.

- Nossa instituição organiza um festival de Mini-handebol por semestre. Outras, porém, poderão nos convidar para competições que, normalmente, demandam nossas visitas a outros locais.

- Para participar das nossas atividades, é necessário que as crianças venham preparadas com roupas e calçados adequados para a prática esportiva. A instituição ficará responsável pelos uniformes de jogo nos períodos de competições.

- É importante que os pais se responsabilizem pelo transporte das crianças nos dias de treinamento. Nos períodos de competição, nossa instituição ficará encarregada de levar as crianças até o local determinado.

> - Ao longo do ano serão realizadas algumas reuniões de pais para que se façam esclarecimentos acerca das atividades desenvolvidas, da nossa rotina diária, da evolução das crianças durante esse processo e de como os pais podem participar de nossas atividades e incentivar seus filhos.
>
> A participação da família nessa atividade é muito importante para o êxito do nosso trabalho e para o desenvolvimento do seu filho.
>
> Agradecemos a confiança depositada em nossas atividades, sua compreensão e o apoio ao nosso programa.
>
> Atenciosamente,
>
> Luís Silva

Após a apresentação, é importante que se façam algumas reuniões ao longo do ano tratando das seguintes questões:

- Objetivo do trabalho com as crianças;
- Comportamento das crianças nos treinamentos;
- Comportamento das crianças nas competições;
- Comportamento dos pais durante as competições;
- Inclusão e/ou escolha das crianças nas atividades e jogos disputados;
- Exames médicos ou atestados de saúde da criança;
- Acidentes e procedimentos, no caso de machucados ou contusões;

- Organização do tempo da criança no que se refere às atividades escolares e aos treinamentos;
- O que os pais e a família podem esperar do projeto;
- Formas de comunicação entre os professores e os pais.

Para essas reuniões, é preciso que haja um preparo adequado. Deve haver um comunicado informando data, local e horário. É importante considerar um horário que seja adequado à maioria dos familiares.

A reunião deve ter uma parte introdutória, um momento de explanação do tema proposto e um momento para o diálogo entre os pais e os professores. Deve-se incluir também um tempo para ouvir dúvidas ou sugestões sobre o tema e, ainda, deve-se considerar que alguns pais gostam de falar em particular com os professores ao final da reunião, pois sempre há a possibilidade do surgimento de um assunto mais delicado e específico de uma criança.

No início da reunião, é importante que haja uma apresentação oficial das pessoas que fazem parte do projeto e que se mencione a formação profissional de cada uma.

A vantagem desse tipo de procedimento é que os pais passam a confiar mais no trabalho que está sendo desenvolvido e é possível prevenir problemas futuros, inclusive com o comportamento inadequado dos próprios pais. Além disso, se a família passa a compartilhar o interesse pelo esporte e desenvolve hábitos, comportamentos e atitudes nesse sentido, fica muito mais fácil que as próprias crianças também o façam, pois os adultos, que são a referência para determinada criança, demonstrarão coerência em seus atos.

Apesar de todos esses cuidados, é importante considerar que os pais podem tratar a questão do esporte de maneiras diversas. Existem pais que são ausentes na maioria do tempo e alguns que são mal informados a respeito das atividades dos seus filhos. Existem, ainda, aqueles que são muito motivados em relação às atividades de seus filhos, e existem pais que são fanáticos por esporte. Do mesmo modo que é difícil lidar com um pai que grita instruções para a criança o tempo todo durante um jogo, também é muito difícil lidar com uma criança cujos pais nunca compareceram a um treino ou jogo.

O ideal é a moderação entre um extremo e outro, e fazer da prática esportiva da criança uma experiência agradável para toda família. É importante deixar a criança tranquila quanto à participação da família e tentar educar os pais quando necessário. Deve-se sempre primar pelo bem-estar da criança.

A relação com a arbitragem

Considerando todas as relações a que a criança é exposta no ambiente de prática esportiva, uma das mais complicadas – e nem sempre considerada – é a relação entre o técnico e o árbitro. Certamente o árbitro não está presente na vida da criança com tanta frequência. Todavia, uma única situação de confronto entre um técnico e um árbitro pode ser um péssimo exemplo para o aprendiz e influenciar a forma como ele se relacionará com este último.

Assim como o professor, o árbitro, em um jogo de mini-handebol, também precisa ser educativo. Ambos devem trabalhar em conjunto para garantir o bom andamento do jogo, a segurança e o bem-estar dos jogadores e a educação esportiva dos participantes. Cada um deve ater-se e tomar as decisões que cabem à sua função em quadra. No entanto, devem ter a sensibilidade de colocar-se no lugar do outro e tentar compreender situações de conflito sob diferentes perspectivas.

Durante as competições e as partidas, os técnicos e árbitros devem tentar manter o profissionalismo. Ambos devem se preparar para manter os princípios de justiça e de coerência e evitar qualquer tipo de preconceito. Caso aconteça algum equívoco, tanto de um lado quanto do outro, é desejável que estejam acessíveis ao diálogo, que aceitem as críticas e reflitam sobre os fatos.

Finalmente, deve-se evitar, de todas as formas, envolver as crianças em algum tipo de conflito. O técnico não pode instruir as crianças a desrespeitar o árbitro e nem o árbitro pode tirar a autoridade ou a credibilidade de um técnico. Os adultos devem se comportar exemplarmente como adultos. Qualquer postura diferente desta apenas deseducará os alunos e afastará as pessoas da prática esportiva.

Todo esse zelo acerca da formação educativa do aluno tem a intenção de formar indivíduos que tenham uma relação positiva com o esporte, seja do ponto de vista da compreensão e entendimento das situações esportivas, seja do ponto de vista afetivo.

Caso o aluno passe por esse processo e não se torne um jogador profissional, é de se esperar que ele se torne um praticante amador consciente dos benefícios da prática esportiva e um torcedor capaz de vivenciar as situações esportivas de maneira civilizada. Se esse aluno se tornar efetivamente um jogador, deve-se esperar que ele se transforme em um jogador que exerce a autodisciplina e que sabe de suas responsabilidades como esportista.

Lamentavelmente, o esporte contemporâneo em diversas modalidades tem muitos exemplos de atletas que são muito talentosos em quadra, mas que não entendem a dimensão desse sucesso na sua vida cotidiana. A dificuldade em organizar a vida pessoal de acordo com as demandas do esporte frequentemente acaba por prejudicar a carreira desses atletas. É preciso, portanto, preparar o indivíduo para o esporte de várias formas.

> O professor deve promover uma prática esportiva saudável e equilibrada, fazendo que seus alunos reconheçam seus limites e valorizem a perseverança e o trabalho como forma de progredir durante o processo de aprendizagem para alcançar suas metas.

O papel do professor

8

Muitos são os fatores que contribuem para o sucesso de um projeto esportivo, mas não há dúvida de que o principal elemento desta estrutura é o professor ou técnico da iniciação. Depende do professor todo o andamento de um projeto. Infelizmente nem sempre esse professor recebeu uma formação adequada ou teve condições de se desenvolver e aprimorar seus conhecimentos. Muitas vezes, o único elemento que o move a trabalhar é o amor pelo esporte. De qualquer forma, vale a pena refletir sobre os aspectos que influenciam o trabalho do professor e o seu papel no desenvolvimento de um projeto de mini-handebol.

Formação inicial

No que se refere à formação, o professor deve ter concluído um curso superior na área de Educação Física antes de iniciar sua vida profissional. Conforme a legislação atual, a formação profissional deveria assegurar ao professor uma formação generalista, que habituasse o professor à reflexão sobre a sua atuação e reconhecesse a importância do conhecimento científico para o desenvolvimento de suas atividades cotidianas.

Inicialmente, os cursos superiores de Educação Física deveriam garantir conhecimentos aos estudantes sobre a relação entre o ser humano e a sociedade, a biologia do corpo humano e a produção de conhecimento científico e tecnológico na área do movimento do corpo humano. De modo mais específico, tal formação deveria considerar os aspectos culturais, técnico-instrumentais e didático-pedagógicos do movimento humano. Neste sentido, estariam incluídos nessa formação conhecimentos em diversas áreas da atividade física e do esporte, tais como:

- Filosofia;
- História;
- Sociologia;
- Comportamento motor;
- Psicologia;
- Pedagogia;
- Biomecânica;
- Fisiologia.

O conhecimento de uma modalidade esportiva específica, como handebol, deveria estar diretamente relacionado aos conhecimentos advindos destas áreas.

Lamentavelmente, na realidade, essa formação nem sempre ocorre. Algumas vezes os currículos em Educação Física não contemplam esses conhecimentos, outras vezes os currículos chegam a contemplar todos esses conhecimentos, mas o ensino é de baixa qualidade. Desse modo, recai sobre o próprio professor a responsabilidade de buscar a complementação de sua formação de maneira autônoma e perseguir uma atuação profissional de qualidade.

Figura 8.1 – Características de um bom técnico.

Formação continuada

Apesar da influência de outros fatores, a qualidade do que se propõe em uma aula depende principalmente do professor. Portanto, é fundamental que o professor não deixe de buscar novas informações, seja por meio de leitura ou de cursos. Além disso, é necessário um senso crítico apurado e bastante sensibilidade para saber se as novas informações são aproveitáveis na sua realidade específica. Se não forem, o professor deverá buscar formas para adequá-las.

Em regiões onde o handebol é bem desenvolvido, como é o caso da Europa, os congressos, simpósios, seminários e eventos científicos específicos da modalidade são frequentes. Além disso, as federações promovem a formação profissional dos técnicos por meio de diversos mecanismos, como a Escola de Treinadores da Espanha e os Cursos de Treinadores de diversos níveis da Federação Portuguesa de Andebol.

Não se trata apenas de uma proposição teórica, e sim de meios efetivos que reafirmam o princípio básico de que a evolução de uma modalidade depende não só da formação inicial do técnico, como também da participação destes em clínicas, oficinas, e que também possam ter acesso a livros e revistas especializadas.

Na ausência desse tipo de oportunidade, o professor de mini-handebol deverá buscar aprimoramento de maneira autônoma. Mesmo encontrando muitas dificuldades, deve-se ressaltar que são esses conhecimentos que diferenciam o profissional, que o tornam especialmente qualificado para trabalhar em uma modalidade. Conhecê-la e também as atividades adequadas ao treinamento é fundamental, mas o professor que realmente se destaca é aquele capaz de criar e desenvolver novas propostas de acordo com as necessidades de seus alunos.

Atuação profissional

O profissional de mini-handebol deve lembrar que existem algumas características que são essenciais àqueles que trabalham com crianças e jovens.

Inicialmente, é preciso *gostar de crianças*, de pedagogia e de todos os componentes educativos envolvidos nesse trabalho. O profissional nessa função deve ser uma pessoa paciente, tolerante, acolhedora, que acredita no valor educativo do esporte e é um entusiasta da modalidade. Além desses aspectos, deve-se lembrar que a generosidade é essencial para completar este perfil, pois, provavelmente, muitos atletas seguirão praticando handebol e, talvez, tornem-se grandes jogadores, sob o comando de outros técnicos. É preciso destacar que o trabalho da iniciação não deve ser usado como meio para promoção pessoal ou profissional.

Entre as funções do técnico estão: planejar os treinos, dirigir a equipe, orientar, ensinar, corrigir e estimular os alunos. Tais tarefas dependem fundamentalmente das competências e habilidades pedagógicas do técnico.

Considerando a relação entre teoria e prática, o professor deve aprimorar sua atuação pedagógica, particularmente no que se refere ao planejamento, execução, controle e avaliação da proposta de trabalho.

Ensinar é primordialmente a organização do aprendizado.

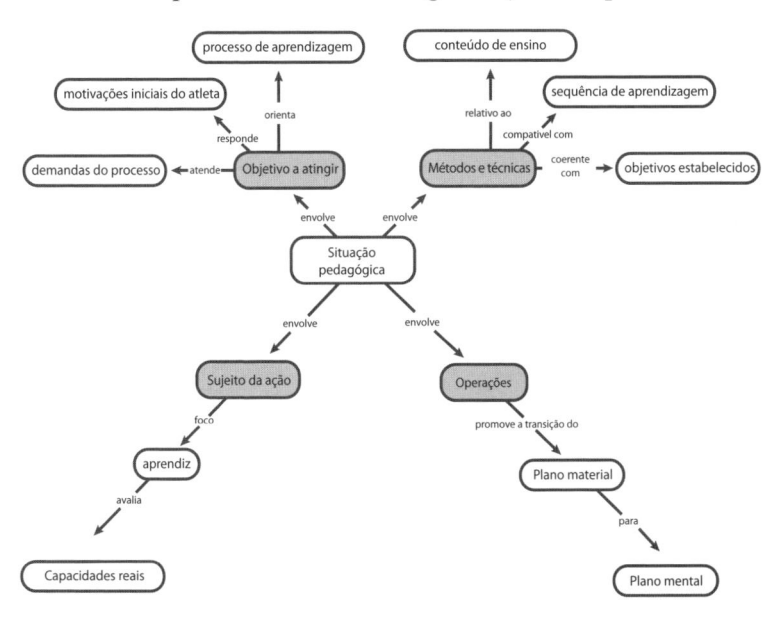

FIGURA 8.2 – ELEMENTOS RELACIONADOS À SITUAÇÃO PEDAGÓGICA.

O processo ensino-aprendizagem deve ser consciente, mostrar clareza de objetivos e organização para alcançá-los. O iniciante deve ter conhecimento desses objetivos e participar da organização do trabalho. Muitos técnicos apenas informam os alunos do que estão fazendo e não se preocupam em verificar se o aluno compreende o sentido do trabalho. É importante perguntar para o aprendiz, mesmo na idade de nove ou dez anos, o que foi feito, por que foi feito e qual o objetivo da aula. Essa verificação contribui para que o aluno se torne mais autônomo e, ao mesmo tempo, mais envolvido com as atividades, pois passa a entender o seu significado.

Isso, no entanto, só será possível se o professor estiver muito seguro do seu trabalho e, para isso, é preciso que ele próprio tenha convicção da importância de cada etapa de ensino, da distribuição dos conteúdos, da adequação do plano anual, dos planos mensais e dos métodos de ensino que são utilizados na execução do planejamento e nas formas de avaliação.

Planejamento

Como mencionado anteriormente, as etapas de ensino devem ser organizadas com base nos objetivos mais simples e evoluir progressivamente para as mais complexas. O professor deve analisar o desempenho do grupo por meio de avaliações periódicas e estabelecer objetivos mais complexos na medida em que a grande maioria da turma tenha alcançado os objetivos da etapa anterior.

É importante ressaltar que só é possível supor que houve de fato a aprendizagem quando o aluno apresenta um determinado comportamento de forma constante. Por exemplo, vamos imaginar que o professor tenha ensinado o aluno a receber a bola. Pode-se imaginar que o aluno aprendeu o elemento técnico da recepção quando consegue receber a bola com o movimento correto várias vezes sem deixá-la cair no momento da recepção, ou seja, seu comportamento é constante. Depois disso, pode-se alterar a exigência, solicitando-lhe que receba a bola quando estiver correndo e novamente verificar se ele continua a fazer corretamente o movimento de recepção.

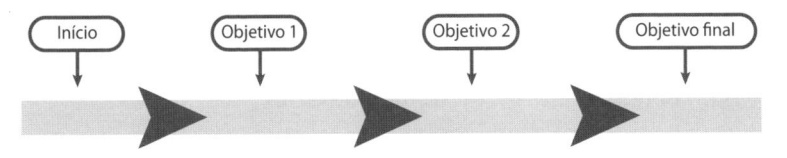

FIGURA 8.3 – ELEMENTOS RELACIONADOS À SITUAÇÃO PEDAGÓGICA.

É extremamente necessário, portanto, que o professor tenha registros do seu trabalho e dos resultados obtidos. É muito difícil acreditar que um professor consiga seguir uma sequência adequada de trabalho sem que tenha um registro regular dos objetivos, das atividades propostas e das formas de avaliação.

A aprendizagem depende do tempo dedicado a determinado objetivo e da quantidade de prática que o aluno realiza. Logo, as unidades de ensino devem ter uma duração suficiente para que os alunos aprendam uma nova habilidade e consigam praticá-la o suficiente para que apresentem constância de acerto. Se o aluno passa para uma nova etapa sem ter efetivamente aprendido o movimento, haverá o comprometimento das etapas mais complexas.

No desenvolvimento dessas unidades, o professor pode escolher um dos diferentes métodos de ensino. Existem vantagens e desvantagens em cada um deles, mas apenas com o conhecimento de cada um e a análise do grupo de trabalho é possível fazer uma escolha.

De maneira muito simplificada, os métodos de ensino têm as seguintes características:

- *Método analítico*: ensino dos elementos do jogo em partes; há grande repetição de movimentos; baseia-se na memorização e na imitação; valoriza a técnica, mas limita sua aplicação na situação real de jogo, portanto, compromete o entendimento tático.
- *Método global*: aprendizagem dos elementos do jogo de modo genérico, utilizando-o, normalmente, como forma predominante de aprendizagem.
- *Método misto*: inclui aspectos do método global e do método analítico; alterna situações da aprendizagem específica com situações de jogo real.

Considerando-se os princípios do ensino do mini-handebol descritos anteriormente, deve-se salientar que o método misto parece corresponder mais adequadamente às necessidades da iniciação esportiva.

Certamente a criança gosta mais do momento da aula em que o jogo acontece, porém, se ela não tiver algumas condições mínimas para que haja fluidez nas ações do jogo, ocorrerá a desmotivação. Digamos, por exemplo, que as crianças queiram muito jogar, mas não possuem habilidade para fazer passes. Toda vez que há uma tentativa de passe no jogo, ocorre uma infração ou a bola vai para fora da quadra. Dessa forma, o jogo fica truncado e nenhuma equipe consegue chegar ao seu objetivo. Nessa situação é natural que as crianças acabem desistindo da atividade.

Em contrapartida, se uma sessão de prática tem a maior parte do tempo dedicado a repetir passes, como um aluno na frente do outro passando a bola efetuando apenas repetições de um gesto técnico, a criança também se sentirá entediada, pois não percebe o sentido daquela atividade. Dessa forma, a utilização do método misto parece ser o mais adequado.

Vale a pena ressaltar que existem outros métodos de ensino e que é importante procurar um aprofundamento sobre o assunto para que o professor tenha recursos suficientes e que o processo de ensino seja o mais eficaz possível. O que normalmente é conhecido como processo ensino-aprendizagem, na verdade, são dois processos: um processo de ensino e um processo de aprendizagem. É preciso lembrar que o professor pode ensinar e o aluno não aprender, e pode acontecer também que o aluno aprenda algo que o professor não ensinou. O talento de um professor está justamente na sua capacidade de fazer que o processo de ensino e o processo de aprendizagem se transformem harmonicamente em um só processo.

Condições adequadas

As condições nas quais as sessões de prática acontecem nem sempre dependem do professor, porém elas podem interferir significativamente no desenvolvimento do seu trabalho. A primeira providência que um professor deve tomar refere-se à segurança dos alunos. É necessário verificar se não há nada no espaço onde ocorre a prática que facilite o acontecimento de um acidente.

Outro aspecto essencial é a verificação dos elementos presentes no espaço da aula que podem provocar a distração dos alunos. A simples presença de materiais que não fazem parte da aula espalhados pela quadra pode despertar a curiosidade de um aluno para outras atividades e dispersar a atenção do grupo. A presença de pessoas estranhas ao grupo também deve ser observada com atenção.

No que se refere aos elementos pertinentes à aula em si, o professor, mediante seus registros, deve lembrar que para motivar o aluno a aprender coisas novas é preciso lançar desafios. Materiais inusitados, movimentos variados, brincadeiras modificadas podem muito bem estimular os alunos, além de contribuir para o aumento do acervo motor da criança. A aula sempre igual não promove desafios e provoca um sentimento de estagnação no grupo.

Execução

A partir do momento em que o professor tem a aula planejada, bem como o espaço e os materiais preparados, deve-se cuidar do andamento da aula em si e, nesse sentido, é essencial cuidar de um fator crucial: a comunicação.

O domínio da técnica de comunicação é determinante para o sucesso do professor. Inicialmente, é preciso compreender o fluxo desta informação.

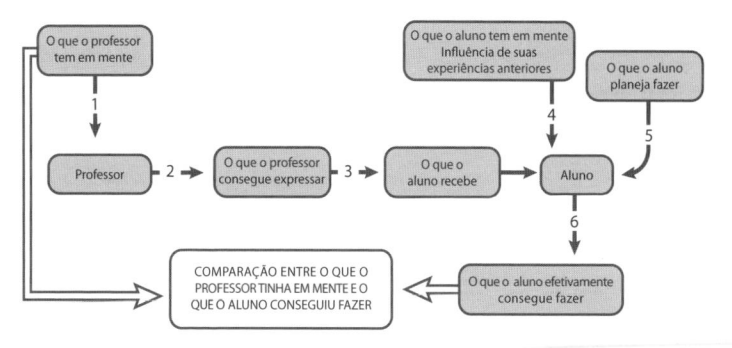

FIGURA 8.4 – FLUXO DE INFORMAÇÃO ENTRE PROFESSOR E ALUNO.
FONTE: ADAPTADO DE BAÑUELLOS (1989).

A representação gráfica acima tem o intuito de demonstrar que:

- Entre o que o professor tem em mente (1) e o que ele efetivamente consegue expressar ao aluno (2), há uma perda de informação;
- Entre o que o professor consegue expressar (2) e o que o aluno efetivamente recebe (3), há uma perda de informação, muitas vezes causada por distrações no próprio ambiente;
- A informação recebida pelo aluno (3) é processada sob a influência das experiências anteriores (4) e só assim ele planejará como deverá realizar a tarefa (5);
- Entre o que o aluno planeja realizar (5) e o que ele efetivamente consegue fazer (6) há uma outra diferença.

Assim, com tantas perdas e interferências no fluxo de informação é inevitável que haja uma grande diferença entre o que o professor tinha em mente para ser realizado e o que o aluno efetivamente faz. É importante compreender que esse é um processo natural, que será aprimorado a partir de uma nova ação do professor, que é o fornecimento de *feedback*.

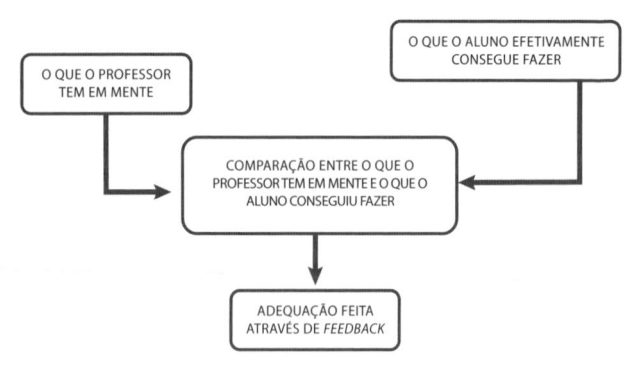

Figura 8.5 – Aplicação do *feedback*.

O *feedback*, ou correção por meio da informação, pode ocorrer de várias formas. É importante que o professor tenha consciência de sua aplicação, pois, dependendo da informação dada, o aluno conseguirá aprimorar-se ou não, e ainda será mais fácil para ele reter a informação ou não.

Existem diversas teorias a respeito de *feedback*. A classificação a seguir descreve muito resumidamente uma das possibilidades de utilizá-lo.

- Feedback *aprovatório simples*: apenas demonstra aprovação ao movimento realizado, mas não explica com precisão qual foi o acerto do aluno. Exemplo: *muito bom, correto, acertou.*

- Feedback *reprovatório simples*: apenas demonstra reprovação ao movimento realizado, mas não explica com precisão qual foi o erro do aluno. Exemplo: *está errado, não deu certo, isto está ruim.*

- Feedback *aprovatório*: demonstra aprovação ao movimento realizado, e explica com precisão qual foi o acerto do aluno. Exemplo: *você acertou o arremesso dessa vez porque seu cotovelo estava mais elevado*; *você acertou a recepção porque colocou as duas mãos para receber a bola antes que ela chegasse.*

- Feedback *reprovatório*: demonstra reprovação do movimento realizado e explica com precisão qual foi o erro do aluno. Exemplo: *você errou na defesa porque não olhou para o atacante que estava marcando*; *você não conseguiu defender a bola arremessada ao gol porque seus braços estavam abaixados e não na posição de guarda.*

Dos tipos de *feedback* descritos anteriormente, certamente os que mais contribuem para a aprendizagem dos alunos são aqueles que descrevem detalhes do movimento. No caso do *feedback* aprovatório, destaca-se ainda o fato de que ele reforça na memória do aluno algo que ele fez corretamente, ajudando a desenvolver a constância do movimento.

No caso de grupos de iniciantes, muitas vezes fica difícil emitir *feedback* a cada momento. É preciso observar qual é o problema ou acerto mais frequente, reunir o grupo e fornecer o *feedback*.

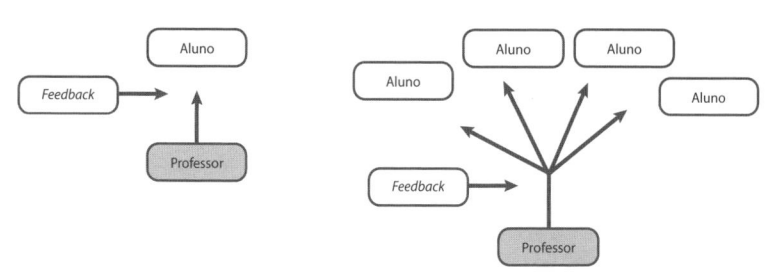

FIGURA 8.6 – APLICAÇÃO DO *FEEDBACK* EM UM CASO ESPECÍFICO E PARA UMA TURMA DE ALUNOS INICIANTES.

Além do aspecto da instrução, o *feedback* tem um papel fundamental na motivação. Ele é uma ação do professor que demonstra reconhecimento da melhora do grupo ou de um aluno. Um elogio ou reforço positivo podem contribuir muito na manutenção da motivação durante o período de aprendizagem, sobretudo com as crianças menos habilidosas.

Além da aplicação do *feedback* no período da aula, é importante que o professor esteja atento à quantidade de prática proporcionada ao aluno. Trata-se basicamente de escolher atividades nas quais a criança tenha oportunidade de realizar os movimentos solicitados o maior número de vezes possível, dentro do período em que a atividade está sendo proposta.

Avaliação

Apesar de ser negligenciada algumas vezes, a avaliação sistematizada é fundamental para a evolução do trabalho do professor e para a adequação das atividades realizadas. Não se trata de passar ou reprovar um aluno, ou detectar algum aluno como talento esportivo ou não, e sim verificar quais objetivos definidos no planejamento estão sendo alcançados e adequar a forma de trabalhar, ou mesmo a determinação de novos objetivos.

Alguns indicadores podem ser muito úteis como, por exemplo, a frequência dos alunos ou o índice de evasão. Caso seja observado que os alunos faltam muito ou desistem da aula, é necessário descobrir os motivos e fazer as mudanças necessárias. Em contrapartida, se há períodos em que o índice de evasão é baixa e os alunos não faltam, é importante avaliar o que foi realizado naquele período e tentar manter os procedimentos que promovem o envolvimento dos alunos.

Nem sempre as crianças precisam saber que estão sendo avaliadas. Pode-se fazer uma gincana, por exemplo, para analisar movimentos básicos do mini-handebol.

Neste caso, são formadas duplas que competem entre si, e o professor apenas anota os resultados obtidos por cada aluno.

| Dois alunos fazem dez arremessos e somam os pontos conquistados. Quem fizer mais pontos ganha. Para cada arremesso nos cantos, o aluno recebe três pontos. Arremessos no centro da parte superior e inferior valem dois pontos. Arremessos a meia altura valem dois pontos e o arremesso no centro do gol vale um ponto. A trave pode ser dividida com cordas elásticas, ou pode-se desenhar a trave na parede com giz ou fita crepe. | |

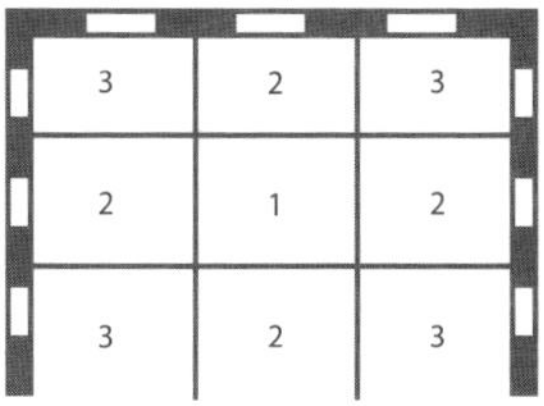

FIGURA 8.7 – EXEMPLO DE ATIVIDADE DE GINCANA QUE PODE SER USADA COMO INSTRUMENTO DE AVALIAÇÃO DA APRENDIZAGEM RELATIVA AO ARREMESSO.

Cones colocados a 15 m de distância em linha reta. Os dois alunos devem correr de um cone ao outro, batendo bola com a mão dominante o mais rápido possível. Quem chegar primeiro será o vencedor. A dificuldade da tarefa pode ser aumentada dependendo do que foi ensinado durante o período em que está sendo avaliado.	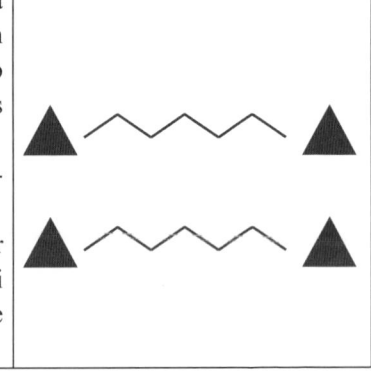

Figura 8.8 – Exemplo de atividade de gincana que pode ser usada como instrumento de avaliação da aprendizagem relativa ao drible.

Este tipo de observação apenas informa se o aluno consegue chegar ao resultado pretendido. Pode-se analisar alguns fatores na execução dos movimentos que são avaliados, como o tempo gasto para realizar a tarefa, o número de tentativas que o aprendiz realiza para conseguir atingir o objetivo, a frequência com que ele chega ao objetivo da tarefa, a precisão dos movimentos, a distância entre ele e o alvo, como o arremesso na trave ou o passe a um companheiro, entre outros fatores que podem indicar se o aluno consegue ou não o resultado desejado.

Outra forma de avaliar é observar a qualidade do movimento. Nesse caso, o professor que conhece os movimentos adequados, ou seja, a técnica do handebol, pode avaliar com que constância o aluno executa as várias partes do movimento de maneira adequada. O professor pode criar uma escala para analisar determinados movimentos, como nos exemplos a seguir.

- Na recepção da bola, o aluno posiciona os braços estendidos em direção a ela.

Sempre	Quase sempre	Às vezes	Quase nunca	Nunca

- Na recepção da bola, o aluno posiciona os polegares e indicadores próximos.

Sempre	Quase sempre	Às vezes	Quase nunca	Nunca

- Na recepção da bola, o aluno posiciona as mãos em forma de *concha*.

Sempre	Quase sempre	Às vezes	Quase nunca	Nunca

- Na recepção da bola, o aluno faz o amortecimento do impacto da bola com os punhos e os cotovelos.

Sempre	Quase sempre	Às vezes	Quase nunca	Nunca

Fazendo avaliações periódicas dos alunos, o professor poderá verificar quais atividades necessitam de maior ênfase ou tempo de prática, e quais podem ter um nível de complexidade maior no seu planejamento.

Deve-se ainda ressaltar que, para o aluno de mini-handebol, a prática deverá continuar tendo um caráter lúdico e prazeroso, e que esta avaliação deve ser feita de maneira muito sutil, sem nenhuma pressão. A ideia central desse tipo de avaliação é obter as informações necessárias sobre o grupo para aprimorar o planejamento e as sessões de prática.

Autoavaliação

Por último é importante dizer que um bom profissional também faz uma análise do seu trabalho. Para certificar-se de que sua atuação está sendo adequada e beneficiando a todos os alunos, o professor deve fazer uma autoavaliação. A seguir, encontram-se vários fatores que estão relacionados a uma boa prática. O professor deve refletir sobre sua conduta durante a aula e verificar com que frequência apresenta os comportamentos descritos a seguir:

- Planeja a aula com antecedência.
- Prepara o material que vai utilizar durante a aula.
- É pontual.
- As atividades propostas são proporcionais ao tempo da aula.
- Demonstra entusiasmo enquanto está ensinando.
- Tem uma linguagem adequada à faixa etária que está ensinando.
- A quantidade de informação dada possibilita uma execução adequada do exercício.
- Obtém a atenção de todos os alunos antes de começar a explicação.
- Pergunta se todos entenderam a explicação dada.
- Observa e avalia o que os alunos estão realizando para depois fazer novas considerações.
- Faz pausas durante a aula, caso seja necessária uma nova explicação.
- Procura demonstrar o que está sendo solicitado.
- Certifica-se de que todos os alunos podem vê-lo e ouvi-lo claramente.

- Observa a reação dos alunos enquanto explica.
- É breve, porém preciso em sua explicação.
- Pergunta após a explicação se alguém tem alguma dúvida.
- Começa o exercício imediatamente após a explicação.
- Deixa o aluno realizar várias tentativas antes de mudar o exercício.
- Demonstra o exercício, caso necessário.
- Solicita ajuda de todos os alunos do grupo, não só dos mais habilidosos.
- Considera a presença de canhotos no grupo enquanto explica, demonstrando o movimento do lado dominante e não dominante.
- Mantém tom de voz e vocabulário adequados ao tratar de questões disciplinares.
- Utiliza-se de atividades que deixem os alunos ocupados a maior parte do tempo.
- Certifica-se da segurança das atividades propostas.
- Possibilita a criatividade e a espontaneidade dos alunos.
- Encoraja as tentativas, mesmo que haja o erro.
- Concebe o erro como parte fundamental do processo de aprendizagem.
- Demonstra o movimento tantas vezes quanto forem necessárias.
- Procura outros recursos como fotos ou vídeos, caso tenha dificuldade em demonstrar os movimentos.
- Nomeia os fundamentos e explica sua aplicação durante o jogo.
- Enfatiza a parte principal do movimento.
- Caracteriza as fases do movimento.

- Demonstra lentamente para reforçar os detalhes.
- Pergunta aos alunos o que eles sabem sobre determinado movimento.
- Dá *dicas* aos alunos de como conseguir melhores resultados.
- Valoriza a aprendizagem do aluno com maior dificuldade.
- É paciente para esperar resultados.
- Utiliza exercícios que solicitam exatamente o que está sendo ensinado.
- Posiciona-se na quadra de modo que consiga observar todo o grupo.
- Caso o grupo tenha dificuldade, sabe simplificar a atividade até que a grande maioria seja capaz de realizá-la.
- No caso de erro, esclarece comparativamente o que está sendo feito e o que foi solicitado.
- Utiliza-se de uma rotina de trabalho diário que transmite segurança aos alunos.
- Estimula os alunos a não desistirem.
- Respeita o ritmo de cada um.
- Sabe se poupar no momento de maior cansaço.

Todos estes fatores a serem considerados pelo professor podem parecer muito trabalhosos. Contudo, a melhoria na prática e nos resultados obtidos acabam por facilitar o cotidiano do professor, seja na escola pública, particular ou mesmo no clube.

> A maneira mais eficaz de influenciar um aluno é por meio dos exemplos. Portanto, é preciso ter cuidado com o modelo de comportamento transmitido no dia a dia.

Organizando competições

9

A competição faz parte do processo de aprendizagem da modalidade e certamente é algo que motiva muito as crianças. Contudo, ela deve significar mais do que uma sequência de jogos. Deve ser uma experiência esportiva, social e educativa. Assim, não faz sentido copiar o modelo de organização de competições dos adultos. É preciso pensar em formas de competição que sejam coerentes com os princípios do mini--handebol.

Inicialmente, é preciso considerar que nessa faixa etária não deveria haver uma categorização da equipe por instituição, ou seja, nessa faixa etária não há federados, portanto, desde que as instituições tenham os mesmos princípios educativos, não há nada que impeça que um evento competitivo tenha a participação de escolas, clubes, organizações não governamentais e qualquer outra instituição.

O importante na organização dessas competições é que:

- as equipes tenham muitas oportunidades de jogar;
- cada aluno na sua equipe tenha muitas oportunidades de jogar;
- respeite-se o caráter lúdico do mini-handebol;
- respeite-se o caráter educativo do mini-handebol;
- promova-se a participação e o envolvimento de todas as pessoas ligadas aos alunos e ao mini-handebol;
- o objetivo do evento é a participação e não a vitória.

Neste sentido, é preciso organizar a competição com medidas estratégicas que possam levar à obtenção desses objetivos. Esses eventos podem ter vários formatos, como Dia do Mini-handebol, Festival de Mini-handebol e Acampamento do Mini-handebol. O primeiro passo para o sucesso de um evento é a elaboração de um regulamento de qualidade, que inclua a descrição do evento de maneira detalhada e que reflita a filosofia e a proposta dessa modalidade.

Congresso técnico

A instituição que organiza a competição deve pensar com cuidado em quem será convidado para o evento e se assegurar de que todos entendam a proposta da competição. Para isso, é muito importante ter uma documentação adequada, que é o *regulamento da competição*.

Um regulamento completo da competição deve conter:

- A apresentação da instituição-sede;
- A apresentação da competição;
- O objetivo da competição;
- As categorias ou forma de agrupamento de equipes;
- As inscrições;
- Descrição das formas de tabela ou organização dos jogos;
- Explicações referentes aos uniformes ou formas de identificação das equipes;
- Explicações de rituais esportivos envolvendo as crianças, como cerimônia de abertura, encerramento ou forma

de cumprimentar os outros jogadores e os árbitros antes e depois de cada jogo;

* Explicação de atividades da competição que não são relacionadas diretamente aos jogos;
* Descrição das regras do mini-handebol que serão adotadas nos jogos;
* Descrição de procedimentos que serão adotados, caso haja algum comportamento que seja incompatível com os princípios do evento, incluindo técnicos, árbitros e torcida.

Contar com o apoio de um documento detalhado é uma forma de assegurar que todos terão as informações necessárias para que possam participar do evento e contribuir para que a realização do evento alcance seus objetivos de acordo com os princípios estabelecidos.

Depois de elaborar esse documento, é muito importante convidar os responsáveis pelas instituições e fazer um *Congresso técnico*, com explicações detalhadas do que se pretende realizar e para esclarecimento de possíveis dúvidas. É importante que todos os responsáveis pelas equipes recebam uma cópia do *Regulamento da competição*.

Este documento deve ser revisto a cada competição, para ser aprimorado e para que a experiência na execução da competição seja aproveitada para melhorar o planejamento da próxima competição.

Formato da competição

Uma competição de mini-handebol pode ser organizada de muitas maneiras, dependendo do tempo, do espaço e dos recursos que se tem para realizá-la. No entanto, é importante fazer que as crianças possam jogar muito e planejar estratégias para que a vitória não seja o objetivo central do evento.

Caso uma competição tenha poucas equipes, o ideal é que se faça um torneio no qual todos os times joguem o mesmo número de vezes, ou seja, todos contra todos.

Caso a competição seja maior, o ideal é que, após a primeira rodada de jogos, seja feita uma separação de equipes por chaves. O equilíbrio técnico dentro de uma chave ajudará tanto os menos habilidosos a continuarem motivados quanto aqueles com maior habilidade, uma vez que ainda terão desafios a serem superados.

QUADRO 9.1 COMPETIÇÃO TEMÁTICA: PRIMEIRA FASE

CAMPEONATO MUNDIAL			
Torneio europeu	Torneio asiático	Torneio americano	Torneio africano
Equipe A	Equipe E	Equipe J	Equipe N
Equipe B	Equipe F	Equipe K	Equipe O
Equipe C	Equipe G	Equipe L	Equipe P
Equipe D	Equipe H	Equipe M	Equipe Q
Forma de disputa: após o sorteio para escolher as equipes de cada chave, a equipe joga contra todas as outras equipes da sua chave.			

QUADRO 9.2 COMPETIÇÃO TEMÁTICA: SEGUNDA FASE

CAMPEONATOS NACIONAIS			
Campeonato chinês	Campeonato brasileiro	Campeonato português	Campeonato africano
Equipe A	Equipe B	Equipe C	Equipe D
Equipe E	Equipe F	Equipe G	Equipe H
Equipe I	Equipe J	Equipe L	Equipe M
Equipe N	Equipe O	Equipe P	Equipe Q
Após a primeira fase, os times são agrupados em chaves de acordo com seu nível técnico, para que continuem jogando, mas com equipes com qualidade técnica similar.			

Seguindo essa lógica, pode haver uma terceira rodada de competições, como campeonatos regionais. O importante é que em cada etapa a equipe se aproxime de mais adversários com o mesmo nível técnico, seguindo o preceito básico de que o aluno deve encontrar algo que o desafie – mas que não seja impossível de ser superado – e, ao mesmo tempo, não deve ter circunstâncias muito fáceis – para que não se sinta desmotivado.

Outro aspecto importante a ser destacado é que o nome das chaves e das rodadas não deve lembrar nada que seja classificatório. Deve-se evitar séries A, B, C ou série ouro, prata e bronze, para que as crianças não fiquem comparando as chaves. O nome das rodadas ou das chaves pode ser dado inclusive por sugestão das próprias crianças: nomes de jogos de videogames, estilos musicais ou qualquer outro assunto que possa ser divertido para elas, assim como o nome das próprias equipes.

Caso a competição seja realizada dentro de uma única instituição, pode-se variar a forma de organização de outra maneira: usar o sistema de todos contra todos, mas a cada dia alterar a formação da equipe, como demonstrado nos Quadros 9.3 a 9.6.

QUADRO 9.3 – PRIMEIRO DIA DE COMPETIÇÃO

Ana	Gabriel	Guilherme	Carlos	Mercedes
Alexandre	Andréa	Roberto	Leonardo	Evandro
Lúcia	Juliana	Sílvia	Fernanda	Pedro
Luís	Camila	Bruno	Luiza	Murilo
Lucas	Ricardo	Márcia	André	Bianca

QUADRO 9.4 – SEGUNDO DIA DE COMPETIÇÃO

Ana	Gabriel	Guilherme	Carlos	Mercedes
Alexandre	Andréa	Roberto	Leonardo	Evandro
Lúcia	Juliana	Sílvia	Fernanda	Pedro
Luís	Camila	Bruno	Luiza	Murilo
Lucas	Ricardo	Márcia	André	Bianca

QUADRO 9.5 – TERCEIRO DIA DE COMPETIÇÃO

Ana	Gabriel	Guilherme	Carlos	Mercedes
Alexandre	Andréa	Roberto	Leonardo	Evandro
Lúcia	Juliana	Sílvia	Fernanda	Pedro
Luís	Camila	Bruno	Luiza	Murilo
Lucas	Ricardo	Márcia	André	Bianca

QUADRO 9.6 – QUARTO DIA DE COMPETIÇÃO

Ana	Gabriel	Guilherme	Carlos	Mercedes
Alexandre	Andréa	Roberto	Leonardo	Evandro
Lúcia	Juliana	Sílvia	Fernanda	Pedro
Luís	Camila	Bruno	Luiza	Murilo
Lucas	Ricardo	Márcia	André	Bianca

Deste modo, além de jogar várias vezes, os alunos terão a oportunidade de ter como companheiros de equipes vários jogadores do grupo. Um festival de mini-handebol ou um acampamento de mini-handebol, com uma grande quantidade de jogos de maneira diversificada, promove a diversão dos alunos e a interação com companheiros e adversários.

Deve-se lembrar ainda que, em cada equipe, é importante que todos joguem o mesmo tempo do jogo e de modo igualitário. A duração dos jogos deve estar de acordo com as condições das crianças e também da disponibilidade do espaço físico, dos recursos materiais e dos recursos humanos.

Se for possível, deve-se variar os espaços físicos ou quadras em que as crianças jogam mini-handebol. Pode-se jogar mini-handebol em quadras cobertas, descobertas e com diferentes pisos, como gramados, asfalto, cimento, areia e o que mais for possível.

Atividades alternativas

Além dos jogos de mini-handebol, deve-se incluir uma série de outras atividades que envolvam aspectos educativos e de diversão.

No que se refere ao aspecto educacional, seguem algumas sugestões de atividades que podem fazer parte da programação do festival, ou acampamento, e que podem ser realizadas em um local, próximo aos jogos, com mesas e cadeiras para que as crianças desenhem, pintem e escrevam.

Figura 9.1 – Atividade 1: Crie um uniforme para sua equipe.

Figura 9.2 – Atividade 2: Crie um mascote para sua equipe.

Figura 9.3 – Atividade 3: Que caminho o jogador deve seguir para chegar ao gol?

Figura 9.4 – Atividade 4: Exposição de desenhos sobre os lances do jogo.

Q	A	R	**D**	S	X	**P**	**A**	**S**	**S**	**E**	W	E	C	T	Y
W	W	V	**E**	W	A	S	D	F	T	H	U	K	O	Ç	P
E	X	T	**F**	R	P	Y	R	W	Q	A	Z	X	C	V	B
R	R	N	**E**	F	A	W	C	**Q**	**U**	**A**	**D**	**R**	A	T	G
T	V	U	**S**	B	A	S	D	F	G	R	P	Z	C	B	**R**
Y	Y	O	**A**	N	P	Ç	M	L	I	**A**	**T**	**A**	**Q**	**U**	**E**
U	N	A	E	J	I	K	N	J	U	**R**	Y	H	N	B	**C**
I	I	D	S	I	R	F	V	B	G	**B**	T	E	D	C	**E**
O	M	G	X	O	A	Z	X	S	W	**I**	E	R	D	F	**P**
G	**O**	**L**	**E**	**I**	**R**	**O**	V	G	T	**T**	N	H	Y	U	Ç
P	O	K	Q	P	J	Ç	O	P	I	**R**	A	D	F	T	**A**
Ç	P	**A**	**R**	**R**	**E**	**M**	**E**	**S**	**S**	**O**	Ç	K	J	T	**O**
M	Q	Z	X	L	U	Q	S	E	F	T	H	U	**B**	J	I
K	E	D	E	P	I	O	Ç	M	J	N	H	U	**O**	T	A
J	T	T	V	M	K	W	A	S	E	X	R	T	**L**	C	R
N	U	Q	P	I	L	A	**G**	**O**	**L**	X	E	B	**A**	Z	A

1. ataque	4. gol	6. passe	9. quadra
2. defesa	5. goleiro	7. recepção	10. bola
3. árbitro		8. arremesso	

Figura 9.5 – Atividade 5: Encontre as palavras relacionadas ao handebol.

> # I FESTIVAL DE MINI-HANDEBOL
> ## Diploma
>
> Declaramos que _____
> participou do I FESTIVAL DE MINI-HANDEBOL, realizado
> pela instituição _____, nos dias _____ do mês de
> de _____, nas dependências do _____
> _____.
>
> _____   _____
> Assinatura   Assinatura
> Responsável Institucional   Responsável Técnico

FIGURA 9.6 – ATIVIDADE 6: CERIMÔNIA DE DIPLOMAÇÃO DOS PARTICIPANTES DO FESTIVAL DE MINI-HANDEBOL.

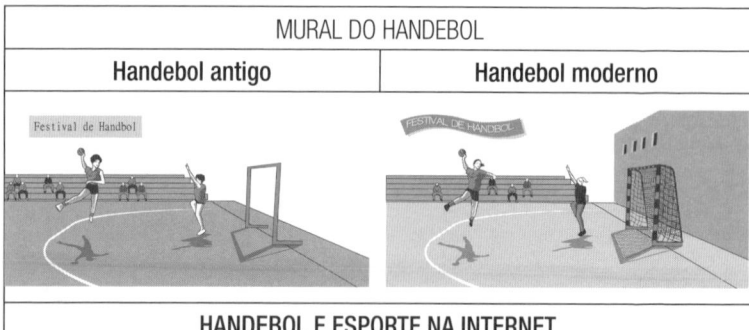

MURAL DO HANDEBOL	
Handebol antigo	Handebol moderno
HANDEBOL E ESPORTE NA INTERNET	
WIKIPÉDIA, A ENCICLOPÉDIA LIVRE http://pt.wikipedia.org/wiki/Andebol SITE OFICIAL DA CONFEDERAÇÃO BRASILEIRA DE HANDEBOL http://www.brasilhandebol.com.br SITE OFICIAL DA INTERNATIONAL HANDBALL FEDERATION http://www.ihf.info SITE OFICIAL DO INTERNATIONAL OLYMPIC COMMITTEE http://www.olympic.org/ioc SITE OFICIAL DO COMITÊ OLÍMPICO BRASILEIRO http://www.cob.org.br SITE OFICIAL DO MINISTÉRIO DO ESPORTE http://www.esporte.gov.br	

Figura 9.7 – Atividade 7: Mural de informações sobre Esporte e Handebol.

Além das atividades educacionais para os alunos, é interessante criar situações de socialização entre todos os envolvidos no evento, conforme a disponibilidade de tempo e de espaço.

Seguem algumas sugestões de atividades envolvendo outros participantes do festival ou acampamento.

- Convite a jogadores profissionais para visitar as crianças;
- Convite a times oficiais para um jogo de demonstração;
- Café da manhã comunitário para os pais;
- Café da manhã comunitário para os técnicos e árbitros;
- Palestras educativas para os técnicos e árbitros;
- Participação dos pais em gincanas com atividades simplificadas de handebol;
- Participação dos pais e crianças em gincanas com atividades simplificadas de handebol;
- Concurso para os pais, das melhores fotos do evento;
- Concurso para os pais, do melhor vídeo do evento;
- Festa de despedida do evento para todos os participantes.

Esse tipo de atividade integrada à programação dos jogos faz que o evento se transforme em uma experiência educativa, esportiva e de lazer para toda a família. Além do próprio handebol, o intuito é criar uma comunidade que goste e apoie a modalidade das mais diversas formas.

Mini-handebol: o início de um projeto

10

O aluno que tem adequada iniciação esportiva provavelmente seguirá praticando handebol. O êxito nas fases iniciais de contato com uma modalidade esportiva pode determinar o tempo que este indivíduo continuará praticando handebol e de que forma ele permanecerá vinculado a esta modalidade. Para isso, é preciso que existam oportunidades adequadas para a continuidade dessa prática. Ao final da etapa de mini-handebol, o professor deverá encaminhar o aluno para uma nova fase que, gradativamente, irá aproximá-lo do handebol regular e oficial, sem que haja sobressaltos nesse processo.

Assim, o ideal seria que as instituições, como clubes e centros de prática esportiva, bem como os próprios órgãos gestores da modalidade, tivessem um projeto amplo de desenvolvimento do handebol que aliasse, de modo coerente, o aumento do número de praticantes à qualidade do processo ensino-aprendizagem, à qualidade do treinamento da modalidade e ao conhecimento da população em geral sobre handebol.

A elaboração e execução de um projeto como esse não depende apenas de um profissional de qualidade e sim de muitos profissionais, como professores, técnicos, gestores e árbitros, que possam se aprimorar continuamente e realizar seu trabalho específico da melhor forma possível para contribuir com a modalidade no sentido mais abrangente.

Fatores como o conhecimento da modalidade, a concepção de atleta, objetivos, metas, o perfil dos profissionais envolvidos, a execução das propostas e as formas de controle e de avaliação do trabalho são essenciais para que se possa efetivamente acreditar na evolução bem-sucedida do handebol.

Perfil profissional

Certamente a qualidade de professores e técnicos é essencial para que o handebol tenha mais adeptos. Além da formação básica, já mencionada anteriormente, é necessário que os técnicos tenham uma relação estreita com a ciência. O trabalho diário na quadra e o estudo de textos científicos devem acontecer como uma caminhada, na qual se utilizam as duas pernas para avançar: a do trabalho e a do estudo. O profissional do esporte precisa se acostumar à leitura de artigos científicos e a procurar as respostas para seus problemas diários no conhecimento fundamentado em evidências científicas.

Além disso, é preciso que técnicos de seleções regionais e nacionais adquiram o hábito de divulgar e publicar o seu trabalho, permitindo assim que os técnicos de clubes acompanhem detalhadamente o trabalho desenvolvido nas seleções e tenham uma referência para desenvolver seu próprio trabalho. A visibilidade das atividades dos técnicos vinculados às federações é o primeiro passo para que se determine o modelo de handebol que se pretende desenvolver em uma região ou em um país.

No esporte moderno não há mais espaço para técnicos que não comprovam seus conhecimentos de modo efetivo e que utilizam-se apenas de expedientes políticos para permanecer no comando de equipes. Talvez ainda existam alguns técnicos que se mantêm nesses cargos, mas quando há uma disputa ou competição geograficamente mais abrangente, certamente as deficiências desses especialistas pouco preparados são reveladas de maneira muito clara.

Além disso, as federações, a confederação e órgãos gestores da modalidade devem pensar em estratégias que recompensem e premiem o trabalho e os esforços dos técnicos de diversas formas e não apenas premiando a vitória e a equipe campeã.

Para cada categoria deve-se pensar em objetivos e metas, e valorizar aqueles que se dedicam à filosofia de formação de atletas. Esse reconhecimento pode ser oferecido por meio da oferta de cursos relacionados à categoria com a qual o técnico trabalha, com a participação em eventos, distribuição de material especializado, melhorias nas condições de trabalho ou mesmo a participação mais efetiva do técnico em comissões para o desenvolvimento do handebol na sua própria federação, dando-lhe voz ativa no desenvolvimento da categoria com a qual trabalha.

Se os técnicos de categorias mais jovens continuarem acreditando que a única forma de ascensão profissional é a vitória de sua equipe, muitos continuarão a acreditar que devem vencer a qualquer preço. Isso significa sacrificar a formação de jogadores nas categorias de base.

Outro aspecto fundamental, e que não pode ser ignorado, é a atenção aos estudantes de Educação Física. A legislação atual prevê que os alunos desses cursos devem cumprir uma carga horária significativa em estágios, práticas de ensino e profissionais e atividades complementares. Em contrapartida, a mesma legislação não prevê uma formação realmente específica em uma modalidade esportiva. Desse modo, existe uma lacuna, mas também uma oportunidade para que as federações e também a confederação ofereça a esses profissionais em formação uma oportunidade para conhecerem e se aprimorarem no handebol. Além disso, a obrigatoriedade do cumprimento de trabalho de conclusão de curso, ou monografia, na maioria dos cursos superiores em Educação Física poderia ser utilizada pela federação como uma estratégia de avaliação da execução dos seus próprios programas.

A criação de um departamento voltado para a atenção ao estudante de Educação Física nas federações poderia revitalizar a formação dos técnicos atuais e futuros.

Planejamento institucional

O planejamento para o desenvolvimento do handebol, seja nas federações, nos clubes, prefeituras ou mesmo em pequenas instituições, é essencial para que os profissionais que trabalham nestas instituições desenvolvam ações simultâneas para a obtenção de objetivos comuns. Quando um técnico da categoria infantil trabalha em um sentido, o técnico da categoria cadete trabalha em outro e o técnico do juvenil trabalha em outro sentido, grande parte da energia gasta para o desenvolvimento da modalidade se perde ao longo do processo.

A mesma situação ocorre com clubes e federações no momento em que é necessária a formação de uma seleção. Se em determinada categoria o técnico da equipe A trabalha com um intuito específico e o técnico da equipe B trabalha com um intuito completamente diferente, será muito difícil conseguir uma seleção coesa, especialmente porque o técnico de seleção normalmente tem pouco tempo para desenvolver seu trabalho. Isso não significa que todos terão treinos iguais, mas que em cada categoria há um mínimo de conteúdo que deve ser trabalhado.

Nos dois casos descritos anteriormente é necessário um planejamento que tenha uma descrição precisa do enfoque que deve ser dado ao trabalho, com a descrição clara da concepção de handebol adotada, objetivos do trabalho, resultados de cada etapa e perspectivas de futuro para a modalidade.

O planejamento deve contemplar ainda uma programação de atividades a curto, médio e longo prazos, que inclua competições, capacitação de técnicos, eventos de divulgação, entre outros que possam contribuir com o desenvolvimento do handebol. Lembrando sempre que é preciso contemplar nessa programação a educação para o esporte e a formação de um público que se identifique com a modalidade.

Desta forma, também é preciso garantir que cada etapa de formação tenha um alinhamento conceitual sobre handebol. No entanto, é necessário manter a autonomia no processo de evolução dos atletas. Existem situações, infelizmente comuns, em que a interferência de técnicos das categorias principais prejudica o trabalho dos técnicos das categorias iniciais pela tendência que alguns têm de tentar antecipar o processo de amadurecimento do atleta.

Uma das categorias mais prejudicadas neste sentido é a categoria júnior, muito associada à categoria principal. É frequente a utilização dos jogadores das categorias júnior nos treinamentos e jogos dos adultos e muitas vezes esses atletas duplicam seu esforço físico e responsabilidades, promovendo um desgaste excessivo dos jogadores. Lamentavelmente, a razão para esse fato não é a simples intenção de contribuir para o amadurecimento desse atleta e, sim, uma forma de sanar os desfalques e problemas da categoria adulta. Caso essa situação perdure por muito tempo, a consequência pode ser o acúmulo de lesões e o desgaste excessivo do atleta, que, por vezes, encerra a carreira precocemente.

A modalidade e o atleta

Um projeto de uma modalidade deve apresentar de forma clara os objetivos que se pretende alcançar e a definição de suas metas. Os objetivos são ideias mais abrangentes, ao passo que as metas devem ser quantificáveis. O objetivo pode ser, por exemplo, promover o handebol em um estado de maneira regular e distribuída. A meta, então, deve considerar a população de jovens em cada região do estado e definir quantas equipes deveriam surgir em cada região nas categorias correspondentes. Com base nisso, deve-se estabelecer um conjunto de ações que facilitem a obtenção dessa meta. Nesse sentido, deve-se estabelecer um prazo para alcançar tal número e uma estratégia de manutenção dessas equipes de maneira permanente.

Mesmo em uma única instituição, é possível estabelecer objetivos e metas para o desenvolvimento do handebol. Pode-se ter como meta, por exemplo, o aumento do número de torcedores que assistem aos jogos da instituição. Assim, deve-se fazer uma análise preliminar do número inicial e do número que se deseja alcançar. Com base nesse número, deve-se pensar em estratégias para aumentar o público presente e, continuamente, acompanhar os números de torcedores a cada jogo, avaliando assim a efetividade das ações implementadas.

Nos dois casos apresentados, a parceria com instituições de ensino superior e profissionais em formação poderia facilitar muito a obtenção dessas metas.

Com a determinação clara do modo como o handebol deve evoluir e também o perfil do atleta que se deseja em cada categoria, é possível ampliar a abrangência da modalidade de maneira ordenada mediante estratégias coerentes com o projeto da modalidade.

Na preparação para os Jogos Olímpicos de Londres/2012, a Federação Inglesa de Handebol, por exemplo, criou em seu *site* uma forma muito interessante de cadastro de pessoas interessadas em praticar handebol e que parece ser coerente com o objetivo de aumentar o número de praticantes e fornecer opções de locais para essa prática.

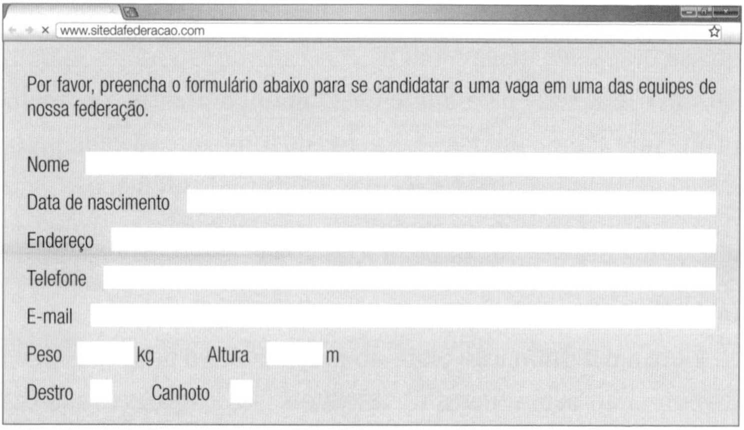
www.sitedafederacao.com

Por favor, preencha o formulário abaixo para se candidatar a uma vaga em uma das equipes de nossa federação.

Nome

Data de nascimento

Endereço

Telefone

E-mail

Peso kg Altura m

Destro Canhoto

Figura 10.1 – Exemplo de formulário eletrônico para cadastro de atletas (a).

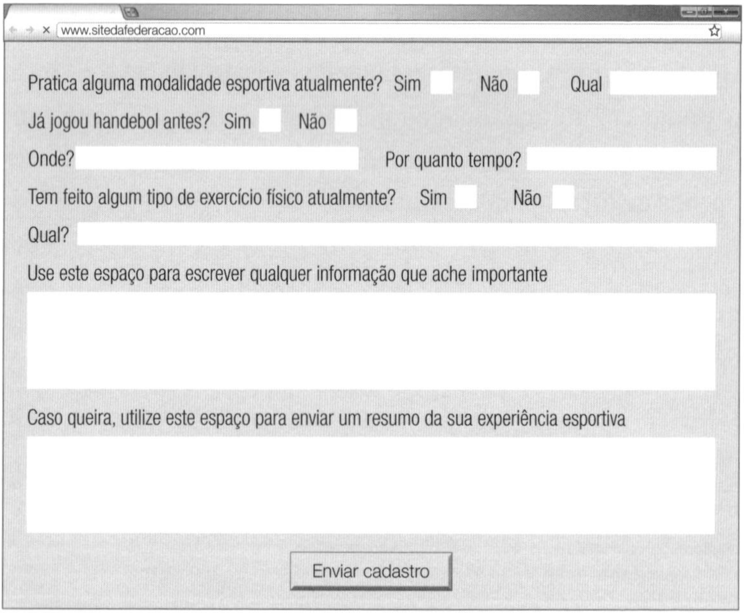
www.sitedafederacao.com

Pratica alguma modalidade esportiva atualmente? Sim Não Qual

Já jogou handebol antes? Sim Não

Onde? Por quanto tempo?

Tem feito algum tipo de exercício físico atualmente? Sim Não

Qual?

Use este espaço para escrever qualquer informação que ache importante

Caso queira, utilize este espaço para enviar um resumo da sua experiência esportiva

Enviar cadastro

Figura 10.2 – Exemplo de formulário eletrônico para cadastro de atletas (b).

Esse banco de dados poderia ser coordenado pela federação que daria acesso, por meio de senha, aos técnicos de instituições filiadas para que todos tivessem informações de possíveis candidatos a suas equipes em todas as categorias. Além disso, o *e-mail* de cada candidato poderia ser utilizado para divulgar informações sobre períodos de seleção de atletas nas instituições vinculadas à federação, bem como para outras notícias do handebol.

Procedimentos como esse têm o intuito de democratizar a prática e facilitar o acesso de atletas às equipes, além de auxiliar o trabalho dos técnicos no momento da composição de seus times. É importante lembrar que as novas tecnologias, quando bem usadas, podem ser de grande valia para o desenvolvimento da modalidade, pois, na maioria dos casos, não necessitam de grandes recursos econômicos. No entanto, é necessário dispor de indivíduos que tenham capacitação para utilizá-las.

Outros recursos tecnológicos muito interessantes são as plataformas de ensino à distância, que, além da própria função inicial, podem ser utilizadas para uma série de outras atividades. Uma das plataformas mais conhecidas mundialmente é o MOODLE (*Modular Object Oriented Dynamic Learning Environment*), um sistema de organização da aprendizagem de uso livre, mas que tem na sua essência ferramentas que facilitam a divulgação das informações e a comunicação de seus participantes de modo colaborativo.

O MOODLE possui uma série de recursos que podem ser utilizados para organizar o trabalho dos técnicos e dos clubes, dependendo da forma como é utilizado. Os Quadros 10.1 a 10.12 apresentam a descrição de algumas ferramentas do MOODLE e exemplos de como elas poderiam ser aproveitadas por técnicos, federações e clubes.

QUADRO 10.1 – BLOCO *PARTICIPANTES*

Recurso	Descrição
Bloco *Participantes*	Neste bloco é possível registrar todas as pessoas que fazem parte do grupo que vai desenvolver a atividade, como um curso ou disciplina.
Exemplo: Em um clube, poderia haver um MOODLE intitulado Departamento de Handebol, e todas as pessoas do departamento seriam participantes – professores, técnicos, preparadores físicos, chefe do departamento, diretor de modalidade, entre outros. Em uma federação estadual, poderia haver um MOODLE chamado Handebol: Categoria Cadete, em que todos os técnicos de equipes da categoria cadete fossem registrados no MOODLE.	

QUADRO 10.2 – PERFIL

Recurso	Descrição
Perfil	Cada participante deve se apresentar ao grupo e registrar suas informações na área dedicada ao perfil, com foto, nome e sobrenome, endereço de *e-mail*, e ainda outras informações que o administrador do MOODLE achar necessário.
Exemplo: No caso de um clube, os participantes poderiam escrever sua formação inicial e também informar as áreas específicas do handebol em que têm mais interesse. Assim, o chefe do departamento, por exemplo, poderia aproveitar melhor o potencial dos técnicos para ações específicas. Além disso, o contato entre técnicos é favorecido com esse recurso.	

Quadro 10.3 – Alimentador RSS remoto

Recurso	Descrição
Bloco alimentador RSS remoto	Esse recurso permite disponibilizar automaticamente notícias de *sites* que possuam alimentadores de notícias RSS (*really simple syndication*).
Exemplo: Em um clube, o administrado do MOODLE poderia incluir *sites* relacionados a handebol que tivessem RSS para divulgar informações. Notícias das federações estaduais, confederação, Federação Internacional de Handebol, Comitê Olímpico Nacional e Comitê Olímpico Internacional. Desse modo, informações sobre congressos, simpósios e eventos científicos, bem como informações sobre competições de handebol, estariam disponíveis para todos os participantes do grupo de modo automático.	

Quadro 10.4 – Mensagens

Recurso	Descrição
Mensagens	No item "perfil" há ainda o recurso de envio de mensagens que pode ser individual, para algumas pessoas do grupo ou para todo o grupo. Essas mensagens podem ser enviadas via MOODLE para o *e-mail* usual de cada participante.
Exemplo: Vamos supor que uma federação estadual tenha um MOODLE para técnicos da categoria cadete e que em determinado momento foi necessário mudar a tabela de jogos ou o calendário da competição. Essa informação poderá ser enviada aos técnicos envolvidos ou a todos os técnicos da categoria de maneira bastante ágil.	

QUADRO 10.5 – BLOCO *ÚLTIMAS NOTÍCIAS*

Recurso	Descrição
Bloco *Últimas notícias*	Este bloco está relacionado a um fórum de notícias e, a cada vez que uma notícia for incluída nesse fórum, ela aparecerá automaticamente em destaque no MOODLE.
Exemplo: Ainda usando o exemplo de um MOODLE de uma federação estadual para determinada categoria, os resultados dos jogos poderiam ser atualizados a cada rodada com esse recurso. Assim, todos os participantes da competição teriam informações sobre o andamento do campeonato. Em um clube, por exemplo, a cada semana poderia haver informações para todos os técnicos sobre os resultados dos jogos de todas as categorias.	

QUADRO 10.6 – BLOCO *CALENDÁRIO*

Recurso	Descrição
Bloco *Calendário*	O calendário é um espaço para divulgação de eventos e datas em geral. É possível registrar ali eventos importantes e suas datas. A configuração do calendário permite que a divulgação de datas e eventos seja feita para todos do grupo ou para usuários específicos.
Exemplo: Em uma instituição, além das atividades de competição em si, poderiam ser registradas reuniões entre técnicos, datas para entrega de relatórios, eventos específicos do clube ou mesmo o calendário de jogos de todas as equipes da instituição.	

QUADRO 10.7 – BLOCO *PRÓXIMOS EVENTOS*

Recurso	Descrição
Bloco *Próximos eventos*	Todos os eventos divulgados no bloco *Calendário* são destacados no bloco *Próximos Eventos*, a fim de indicar aos usuários as datas dos eventos do calendário.

Exemplo: Esse recurso reforça a informação anterior para que nenhum participante possa alegar que não sabia do evento. Além disso, a informação sobre o calendário de jogos, por exemplo, pode fazer que os atletas de categorias mais jovens sejam informados, através de seu técnico, sobre os jogos dos mais velhos, e passem a assistir e a aprender mais com outras categorias. Além de aumentar o público das competições, há o benefício da aprendizagem dos mais jovens.

QUADRO 10.8 – GRUPOS

Recurso	Descrição
Grupos	Esse recurso permite que sejam formados, entre os participantes, grupos específicos. Isso possibilita ações diferentes dentro do MOODLE.

Exemplo: Vamos supor que uma federação queira sugestões específicas para a melhoria do regulamento da competição. Pode-se formar grupos por categorias ou por gênero, ou seja, técnicos da equipe cadete masculina formam um grupo de trabalho e técnicos da categoria cadete feminina formam outro grupo. Ou pode-se formar grupos por região, como técnicos da região Norte do estado e técnicos da região Sul. Assim, a partir da realidade de cada grupo, será oferecida a possibilidade de participação a todos na evolução da categoria em particular, lembrando sempre da vantagem que nenhum dos envolvidos terá de se deslocar para participar, pois a plataforma permite que tudo seja feito à distância.

QUADRO 10.9 – FÓRUM

Recurso	Descrição
Fórum	O fórum é um recurso essencial no MOODLE, pois permite uma atividade de discussão importante e proporciona intera-ção e troca de ideias e informações entre todos os participantes. Além disso, no fó-rum é possível incluir arquivos de vários formatos. Os participantes podem vê-lo no próprio MOODLE ou podem receber suas mensagens diretamente no seu *e-mail*.
Exemplo: Uma instituição esportiva que utiliza o MOODLE como for-ma de comunicação entre os participantes do departamento de handebol poderia criar vários fóruns de discussão, como o Fórum *Posição da ins-tituição perante as propostas da federação*, e assim cada técnico poderia expressar suas ideias a respeito das propostas da federação, ou ainda o Fórum *Desenvolvimento de atletas*, em que cada técnico poderia relatar o desenvolvimento da sua equipe e de atletas em particular. Da mesma forma, um fórum em um MOODLE de uma federação pode-ria ter o tópico *Avaliação da arbitragem*, em que os técnicos poderiam fazer sugestões, emitir opiniões ou críticas a respeito da arbitragem dos jogos de cada categoria.	

Quadro 10.10 – *Chat*

Recurso	Descrição
Chat	O *chat* é um recurso que oferece a opção de se realizar uma discussão, via *web*, em que todos estão conectados ao mesmo tempo. Basta marcar dia e hora com todos os participantes do MOODLE e no momento em que as pessoas se conectam podem começar a participar por meio de mensagem de texto.
Exemplo: Este recurso pode ser usado quando é necessária uma reunião e nem todos os participantes estão fisicamente no mesmo local. Imagine que um clube possua todas as categorias e, portanto, vários técnicos e assistentes, mas que duas delas estejam disputando uma competição em uma cidade distante. Não é necessário esperar que todos os técnicos estejam juntos novamente na instituição para realizar essa reunião. Pode-se agendar um horário em que todos têm a disponibilidade de um computador e marcar a reunião. O mesmo se aplica aos técnicos vinculados à federação de uma categoria. Em regiões em que as sedes das equipes são muito distantes, pode ser interessante utilizar esse recurso. Economiza-se tempo e outros tipos de gastos dos técnicos que estão mais distantes, sem lhes tirar o direito de participar das reuniões da federação.	

QUADRO 10.11 – WIKI

Recurso	Descrição
Wiki	A atividade *wiki* permite que várias pessoas participem na elaboração de um texto. Este texto pode ser iniciado por um participante e complementado por outros que têm acesso ao documento. É possível acrescentar, reformular, criar *links* no texto e alterar seu conteúdo. Todas as mudanças ficam registradas e é possível restaurá-las, caso seja necessário.
Exemplo: Essa ferramenta permite que técnicos elaborem o plano de desenvolvimento da modalidade dentro do clube, em que cada técnico pode contribuir expressando o que pensa a respeito da sua categoria e do trabalho geral. Em uma federação, essa ferramenta poderia ser utilizada para construir o regulamento da competição. A cada ano, o texto em vigor seria colocado no *wiki* e os técnicos da categoria em questão poderiam fazer alterações para o ano seguinte, procurando sempre a melhoria nas formas de competição.	

QUADRO 10.12 – ARQUIVOS

Recurso	Descrição
Arquivos	O gerenciamento de arquivos permite que arquivos de textos, imagens e *links* possam ser colocados no MOODLE.
Exemplo: Usando esse recurso, é possível disponibilizar todo tipo de material, como o plano de desenvolvimento da modalidade, regulamento geral do clube, literatura científica sobre handebol, fotos, *links* para arquivos de vídeos, como jogos, e qualquer material que possa ser útil aos técnicos e profissionais envolvidos. No caso das federações, também seria possível incluir todo tipo de material, inclusive orientações gerais para o desenvolvimento da modalidade em determinada região.	

A utilização desses recursos visa democratizar a participação de todos que apreciam a modalidade, bem como facilitar o aproveitamento dos recursos humanos disponíveis e algumas ideias inovadoras. Trata-se de dar oportunidade, local e tempo para que todos tenham acesso às informações. Outra vantagem desse instrumento é que as informações ficam registradas, dificultando, portanto, o uso político de informações privilegiadas.

Controle e avaliação

A avaliação, na verdade, é o primeiro passo para desenvolver um projeto de handebol. Esta avaliação diagnóstica precisa identificar as condições de que se dispõe. Deve-se ter conhecimento detalhado dos recursos materiais e humanos disponíveis, do potencial de desenvolvimento do handebol em determinada instituição e também de fatores que possam restringi-lo. Além disso, é preciso saber se os profissionais envolvidos no processo conhecem e estão de acordo com a missão, visão e valores do projeto, assim como as metas estipuladas e os objetivos do trabalho. A fluência e a agilidade nas informações são fundamentais para o êxito do trabalho. Após essa avaliação e a execução inicial do trabalho, é necessário fazer o controle das atividades em andamento, o que é essencial para contemplar aspectos que nem sempre são passíveis de serem detectados no início do trabalho.

Infelizmente, o controle periódico na execução do planejamento muitas vezes é desconsiderado ou subestimado. No esporte, é comum que a avaliação do resultado fique restrita à vitória e à derrota. Uma das ideias mais difundidas no meio esportivo é a de que se as equipes vencem é porque o planejamento foi perfeito, se a equipe perde o planejamento foi insuficiente, e a conclusão inevitável é de que a culpa é do técnico. Esta mentalidade acaba por simplificar todo o trabalho ao apontar sempre duas alternativas: manter ou trocar o técnico. Em contrapartida, é interessante que em muitas situações, quando se troca o técnico e o resultado não é o esperado, a culpa é da falta de continuidade no trabalho. Esse círculo vicioso de análise não contempla outros fatores do processo e não consegue detectar problemas que acontecem ao longo da formação do atleta. Essa concepção é muito superficial para explicar as condições do desenvolvimento do esporte.

Novamente, nota-se uma carência acentuada dos conhecimentos científicos que podem auxiliar a realizar uma avaliação de qualidade da execução do planejamento inicial, e falta também entre os técnicos e gestores o hábito de ler, analisar dados e realizar avaliações de maneira detalhada.

Ignorar informações vindas dessas avaliações significa desprezar informações importantes para o aprimoramento sistêmico do próprio planejamento e da sua forma de execução, considerando os aspectos de curto, médio e longo prazos.

O ideal seria ter equipes e seleções que conseguissem resultados cada vez melhores, mas que não fossem conquistas apenas de uma geração. Na verdade, o ideal seria que o planejamento pudesse garantir o surgimento contínuo de jogadores de qualidade. Para que isso ocorra, no entanto, é preciso ter informações precisas e um mapeamento geral de cada categoria na região onde se pretende implementar um processo de desenvolvimento da modalidade.

Apesar de trabalhoso, todo esse processo vale a pena para que efetivamente se perceba e se registre uma evolução real da modalidade em todos os sentidos. Ele também é importante para que a popularização do mini-handebol realmente ocorra, seja por meio do número de espectadores, do número de praticantes informais, do número de atletas federados ou dos resultados obtidos em competições internacionais.

Referências

ALVAREZ, P. Contributos para o planeamento do treino do jovem andebolista. *Andebol Top*, n. 1, p. 11-6, 1999.

BAÑUELOS, F. S. *Bases para uma didáctica de la educación física y el deporte*. Madrid: Gymnos, 1989.

BASTOS, A. J. F. O jogo como proposta metodológica. *Andebol Revista*, n. 5/6, p. 62-3, 1995.

BAYER, C. A interceptação. *Andebol Revista*, n. 3, p. 4-6, 1994.

BRASIL. *Lei n. 9696, de 1º de setembro de 1998*. Brasília: Senado, 1998.

_____. Ministério da Educação e do Desporto. Secretaria de Educação Fundamental. *PCN – Parâmetros Curriculares Nacionais*. Introdução. Rio de Janeiro: DP&A, 2000.

_____. Ministério da Educação e do Desporto. Secretaria de Educação Fundamental. *PCN – Parâmetros Curriculares Nacionais*. Educação Física. Rio de Janeiro: DP&A, 2000.

_____. *Resolução CNE/CSE n. 7, de 31 de março de 2004*. Brasília: CNE, 2004.

_____. *Resolução CNE/CSE n. 4, de 6 de abril de 2009*. Brasília: CNE, 2009.

_____. Ministério da Educação. *Nota Técnica nº 003/2010* - CGOC/DESUP/SESu/MEC. Disponível em: <http:/www.confef.org.br/extra/conteudo/default.asp?id=491>. Acesso em: 31 out. 2011.

CARDOSO, A. Modelo de jogo para o ataque. *Andebol Top*, n. 2, p. 3-11, 2000.

CARVALHO, M. J. O mini-handebol e o seu contributo para a melhoria das competências sociais da criança. *Andebol Top*, n. 4, p. 25-34, 2000.

_____. A motivação na criança e a atividade desportiva. *Andebol Top*, n. 6, p. 30-5, 2001.

CASTRO, J. Influência do regulamento técnico-pedagógico na formação do jogador de andebol. *Andebol Top*, n. 16, p. 7-16, 2003.

_____. Influência do regulamento técnico-pedagógico na formação do jogador de andebol (continuação). *Andebol Top*, n. 17, p. 30-8, 2003.

CENPEC. 10 Anos. *Uma década promovendo a escola pública*. São Paulo: CENPEC, 1998.

COI. *Manual de Administración Deportiva*. Lausanne: Comitê Olímpico Internacional, 2001.

COORDENADORIA DE EDUCAÇÃO À DISTÂNCIA (CED). *Ambiente virtual de aprendizagem Moodle* – versão 1.9.3. Manual do professor. Porto Alegre: Pontifícia Universidade Católica do Rio Grande do Sul, 2009.

CORONADO, J. F. O.; GONZALEZ, P. I. S. *Balonmano*. Vinarós: Conselho Superior de Deportes, 1997.

CRUZ, C. How to improve the perception and treatment of the information on the young players. *7TH Youth Coaches Course and an EHF Lecturer's Seminar*. Viena. Disponível em: <http://www.eurohandball.com/publications>. Acesso em: 27 jul. 2011.

CUESTA, J. G. (Coord.). *Balonmano*. Madrid: Comité Olímpico Español, 1991.

_____. Ataque: tomadas de decisão – táticas abertas. *Andebol Top*, n. 4, p. 9-15, 2000.

CUESTA, J. G.; ELZAURDIA, M. L. Treino ofensivo: desenvolvimento sistemático de um conceito de jogo. *Andebol Top*, n. 12, p. 3-15, 2002.

CZERWINSKI, J.; TABORSKY, F. *Basic handball: methods/tactics/technique*. Vienna: European Handball Federation, 1997. Disponível em: <http://www.eurohandball.com/publications>. Acesso em: 27 jul. 2011.

DE ROSE JR., D. (Org.) *Esporte e atividade física na infância e na adolescência*: uma abordagem multidisciplinar. Porto Alegre: Artmed, 2009.

ELZAURDIA, M. L. A melhoria da táctica individual. *Andebol Top*, n. 11, p. 3-11, 2002.

EUROPEAN HANDBALL FEDERATION. *EHF project "Handball at school"* – How to play with the ball. Disponível em: <http://www.eurohandball.com/publications>. Acesso em: 27 jul. 2011.

_____. *Minihandball*. Vienna: EHF, 2004. Disponível em: <http://www.eurohandball.com/publications>. Acesso em: 27 jul. 2011.

EUROPEAN NETWORK OF SPORT SCIENCE, EDUCATION & EMPLOYMENT. *Convention for the recognition of coaching and qualification*. Disponível em: <http://www.icce.ws/position_papers/documents/Rio_Maior_Convention.pdf>. Acesso em: 19 jul. 2012.

FEDERACIÓN ESPAÑOLA DE BALONMANO. *Reglamento de Mini Balonmano*. Madrid: Federación Española de Balonmano, 1991.

FELICES, J. A. V. *Iniciación al Balonmano*. Zaragoza: Imagen y Deporte, 1996.

GALLAHUE, D.; OZMUN, J. *Compreendendo o desenvolvimento motor*: bebês, crianças, adolescentes e adultos. São Paulo: Phorte, 2003.

GARCIA, C. A. F. Dos jogos pré-desportivos ao mini-andebol. *Andebol Revista*, n. 1, p. 5-6, 1994.

_____. Mini-andebol: projeto nacional da Federação Portuguesa de Andebol. *Andebol Revista*, n. 2, p. 24-7, 1994.

_____. O treinador e o mini-andebol. *Andebol Revista*, n. 4, p. 27-30, 1995.

_____. *Minihandball, sport education and development*. European Handball Federation. Disponível em: <http://www.eurohandball.com/publications>. Acesso em: 27 jul. 2011.

_____. *Summertime: time for minihandball holiday camps*. European Handball Federation. Disponível em: <http://www.eurohandball.com/publications>. Acesso em: 27 jul. 2011.

GRECO, P. J. *Caderno do goleiro de handebol*. Belo Horizonte: [s.n.], 2002.

GREEN, C. N. *Children's Handball*. Switzerland: International Handball Federation, 1996.

HEUBERGER, M. *Talent spotting and support the Deutscher Handballbund*. European Handball Federation. Disponível em: <http://www.eurohandball.com/publications>. Acesso em: 27 jul. 2011.

HÖRITSCH, H. *Specific didactics for handball*: a concept for teaching the specific playing skills of the sport game of handball. European Handball Federation. Disponível em: <http://www.eurohandball.com/publications>. Acesso em: 27 jul. 2011.

_____. *Sustainability Handball at School* – a pedagogic and didactical follow up. European Handball Federation. Disponível em: <http://www.eurohandball.com/publications>. Acesso em: 27 jul. 2011.

KISSING, R. *1000 Ejercicios y juegos de balonmano*. Barcelona: Hispano Europea, 1995.

KOENIG, H. *Children's handball*. European Handball Federation. Disponível em: <http://www.eurohandball.com/publications>. Acesso em: 27 jul. 2011.

LAGUNA, M. A formação de jogadores. *Andebol Top*, n. 9, p. 3-8, 2001.

_____. O aperfeiçoamento tático individual – Parte II. *Andebol Top*, n. 13, p. 3-11, 2002.

_____. Programa de treino e estudo. *Andebol Top*, n. 19/20, p. 3-64, 2004.

LÁZARO, J. P.; FERNANDES, H. O papel da psicologia do desporto nos jovens: algumas questões fundamentais – Parte 1. *Andebol Top*, n. 18, p. 12-6, 2004.

LEÓN, D. R. L. Informação técnico-pedagógica do ensino dos desportos coletivos: o andebol. *Andebol Top*, n. 18, p. 25-32, 2004.

MAGILL, R. A. *Aprendizagem motora*: conceitos e aplicações. São Paulo: Edgard Blücher, 1984.

MALDONADO, L. C. T. Metodología de la enseñanza. In: CUESTA, J. C. (Coord.). *Balonmano*. Madrid: Comité Olímpico Espanõl, 1991.

MARIOT, J. *Balonmano*. Lérida: Deportiva Agonos, 1995.

MAYO, C. A problemática do ensino dos desportos de colaboração/oposição: andebol. *Andebol Top*, n. 3, p. 29-36, 2000.

MOLINA, S. F. O ensino do drible nas etapas de iniciação. *Andebol Top*, n. 13, p. 35-9, 2002.

MOODLE. *Software package*. Copyright © 1999 onwards, Martin Dougiamas under the GNU GPL. Disponível em: <http://moodle.org>. Acesso em: 15 mar. 2012.

MOREIRA, M. Formação de treinadores: algumas considerações. *Andebol Revista*, n. 3, p. 16-7, 1994.

_____. A defesa individual. *Andebol Revista*, n. 4, p. 31-3, 1995.

_____. Uma ciência fundamental para os treinadores de escalões jovens. *Andebol Revista*, n. 5/6, p. 25-30, 1995.

PEREIRA, F. J.; FERNANDES, P. C. Detecção de jovens praticantes – I. *Andebol Top*, n. 8, p. 9-16, 2001.

PEREIRA, M.; SOARES, L. Z. O psicólogo nos escalões de formação: uma experiência de sucesso. *Andebol Top*, n. 18, p. 3-5, 2004.

RABAÇA, C. M. C. Andebol – Etapas de formação. *Andebol Revista*, n. 2, p. 16-8, 1994.

RAMIRES, A. C. S. B. Eficácia Comunicacional. *Andebol Top*, n. 9, p. 9-11, 2001.

RIBEIRO, M. Os princípios do jogo. *Andebol Revista*, n. 5/6, p. 42-3, 1995.

_____. Metodologia para a organização do comportamento defensivo. *Andebol Top*, n. 1, p. 17-24, 1999.

_____. O ensino do andebol na escola. *Andebol Top*, n. 3, p. 17-24, 2000.

_____. O ensino do andebol na escola – parte 2. *Andebol Top*, n. 4, p. 17-24, 2000.

_____. O ensino do andebol na escola – parte 3. *Andebol Top,* n. 5, p. 17-24, 2000.

_____. Metodologia para a organização do comportamento ofensivo. *Andebol Top*, n. 2, p. 21-8, 2000.

_____. As capacidades coordenativas. *Andebol Top*, n. 7, p. 11-6, 2001.

_____. O ensino do andebol na escola – parte 4. *Andebol Top*, n. 6, p.17-24, 2001.

_____. Andebol de cinco. *Andebol Top*, n. 12, p. 18-20, 2002.

_____. O guarda-redes. *Andebol Top*, n. 11, p. 25-32, 2002.

_____. Jogos na escola pré-desportivos. *Andebol Top*, n. 10, p. 17-24, 2002.

RIBEIRO, M. Princípios do jogo. *Andebol Top*, n. 15, p. 3-9, 2003.

_____. Regulamentos técnico-pedagógicos. *Andebol Top*, n. 14, p. 34-7, 2003.

RODRIGUES, J.; RICHEIMER, P. O feedback pedagógico dos treinadores de jovens em andebol. *Andebol Top*, n. 17, p. 3-12, 2003.

SANCHEZ, F. Bases didáticas do trabalho com jovens. *Andebol Top*, n. 7, p. 3-6, 2001.

SCHMIDT, R. A.; WRISBERG, C. A. *Aprendizagem e performance motora*: uma abordagem da aprendizagem baseada no problema. Porto Alegre: Artmed, 2001.

SILVA, J. A. O treino do andebol nos escalões jovens. *Andebol Top*, n. 7, p. 7-10, 2001.

SINGER, R. N. *El aprendizaje de las acciones motrices en el deporte*. Barcelona: Hispano Europea, 1986.

SOARES, L. Z. Uma proposta de formação – I: andebol feminino. *Andebol Top*, n. 8, p. 33-7, 2001.

_____. Uma proposta de formação – II: andebol feminino. *Andebol Top*, n. 9, p. 25-34, 2001.

SOBRAL, F. O andebol à medida da criança. *Andebol Revista*, n. 1, p. 8-11, 1994.

TABORSKY, F. Handball Demographic Study. *2006 EHF Youth Handball Convention*. European Handball Federation. Disponível em: <http://www.eurohandball.com/publications>. Acesso em: 27 jul. 2011.

TANI, G. et al. *Educação Física Escolar*: fundamentos para uma abordagem desenvolvimentista. São Paulo: E. P. U,1988.

TOMAZ, J. A formação dos praticantes de andebol: criação de um Gabinete Coordenador. *Andebol Revista*, n. 4, p. 16-7, 1995.

Sobre o Livro
Formato: 14 x 21 cm
Mancha: 10,4 x 16,5 cm
Papel: Offset 90 g
Nº páginas: 240
Tiragem: 2.000 exemplares
2ª edição: 2014

Este livro segue o novo
Acordo Ortográfico
da Língua Portuguesa

Equipe de Realização
Assistência editorial
Liris Tribuzzi

Assessoria editorial
Maria Apparecida F. M. Bussolotti

Edição de texto
Gerson Silva (Supervisão de revisão)
Ronaldo Galvão (Preparação do original e copidesque)
Elise Garcia e Ana Carolina Corrêa (Revisão)

Editoração eletrônica
Vanessa Dal (Capa e diagramação)
Évelin Kovaliauskas Custódia (Diagramação)
Douglas Docelino (Ilustrações)

Impressão
Intergraf Ind. Gráfica Eireli.